N. Schilling

Die beständigen Strömungen in der Luft und im Meere

Versuch dieselben auf eine gemeinsame Ursache zurückzuführen

N. Schilling

Die beständigen Strömungen in der Luft und im Meere
Versuch dieselben auf eine gemeinsame Ursache zurückzuführen

ISBN/EAN: 9783743480599

Hergestellt in Europa, USA, Kanada, Australien, Japan

Cover: Foto ©berggeist007 / pixelio.de

Weitere Bücher finden Sie auf **www.hansebooks.com**

DIE
BESTÄNDIGEN STRÖMUNGEN
IN DER LUFT UND IM MEERE.

VERSUCH

DIESELBEN AUF EINE GEMEINSAME URSACHE ZURÜCKZUFÜHREN

VON

BARON N. SCHILLING,

CAPITAIN DER KAISERLICH RUSSISCHEN MARINE.

BERLIN

VERLAG VON DIETRICH REIMER.

1874.

Einleitung.

Die Strömungen des Meeres und der Atmosphäre werden seit undenklichen Zeiten beobachtet. Viel ist über beide geschrieben worden, aber leider hat bis jetzt die Wissenschaft auf diesem Felde noch sehr ungenügende Fortschritte gemacht. Noch immer sind die Gesetze, nach denen die Strömungen sich richten, sehr wenig bekannt; und selbst die Gründe ihrer Entstehung, besonders die der grossen beständigen Meeresströmungen und sogar der Passatwinde, sind so gut wie gar nicht erforscht, da bei einer näheren Prüfung alle bisherigen Erklärungen als durchaus ungenügend angesehen werden müssen. Eine vollkommene Kenntniss und umfassende Theorie aller Strömungen wird noch sehr lange unmöglich bleiben, weil die Strömungen der Wirkung sehr verschiedener Einflüsse unterworfen sind, und diese Einflüsse, von den mannigfaltigsten Umständen begleitet, sich so verschiedenartig äussern und so complicirt sind, dass sie bisher unmöglich einer genauen mathematischen Analyse unterworfen werden können. Abgesehen von den theoretischen Schwierigkeiten, stellt uns auch die Praxis oft unüberwindliche Hindernisse entgegen, wenn wir eine Strömung auf der ganzen Länge ihres Laufes verfolgen wollen. Die Luftströmungen entziehen sich unseren Beobachtungen in den oberen Schichten der Atmosphäre, und die Meeresströmungen in den Tiefen des Oceans. Trotz aller Vervollkommnung der nautischen Instrumente besitzen wir noch immer kein Mittel, die Strömungen auf offenem Meere genau zu bestimmen. Gewöhnlich wird die Schiffsrechnung, d. h. die in gewisser Richtung durchlaufene Entfernung, von Zeit zu Zeit durch astronomische Ortsbestimmungen geprüft. Die sich hierbei herausstellende Differenz pflegt man ohne weiteres der Strömung zuzuschreiben, obschon dieselbe häufig aus ganz anderen Ursachen entspringen mag. Wenn nun

1 *

auch das Ungenügende dieser Methode längst anerkannt ist, so wird sie doch immer noch allgemein beibehalten, weil uns eine bessere fehlt. Man hat bisher die Strömungen des Meeres und die der Atmosphäre getrennt betrachtet, was seinen Grund wohl darin hat, dass sich Wasser und Luft in vielen Hinsichten sehr wesentlich von einander unterscheiden; aber trotz diesem wesentlichen Unterschiede unterliegt es doch keinem Zweifel, dass die Bewegungen des Meeres und der Atmosphäre, als flüssiger Körper, denselben allgemeinen Gesetzen unterliegen. Die Schwere ist nämlich sowohl in der Luft als im Wasser diejenige Kraft, welche Strömungen erzeugt, indem sie das Gleichgewicht, überall wo es gestört wird, wieder herzustellen sucht. Gestört wird aber das Gleichgewicht nur durch folgende drei Haupt-Ursachen, welche wiederum für Meer und Luft dieselben sind.

A. Durch Wechsel des specifischen Gewichtes des Wassers und der Luft.

B. Durch Rotation der Erde um ihre Achse und

C. Durch Anziehung der Sonne und des Mondes.[1])

Wir sehen also, dass die Meeres- und Luft-Strömungen von denselben Haupt-Ursachen abhängen und daher bei Betrachtung ihrer Theorie nicht gut getrennt werden können, nur müssen folgende Umstände im Auge behalten werden.

1. Die Luft ist ein sehr elastischer, sich leicht ausdehnender, gasförmiger Körper, während das Wasser fast gar nicht elastisch ist.

2. Die Atmosphäre wird von der Sonne hauptsächlich in den unteren Schichten erwärmt, wodurch sie sich ausdehnt, leichter wird und aufsteigend ihre Wärme den höheren Schichten mittheilt. Das Meer dagegen wird an der Oberfläche von den Sonnenstrahlen nur bis zu einer sehr geringen Tiefe erwärmt und giebt den grössten Theil seiner Wärme in Folge eintretender Verdunstung, als latente Wärme, an die Luft ab.

3. In der Atmosphäre nehmen wir meist nur die Strömungen der unteren Luftschichten wahr, und beobachten die oberen wenig, während letztere doch oft von den unteren in Richtung und Geschwindigkeit sehr verschieden sind. Im Wasser dagegen richten wir unsere

---

[1]) Ausserdem mögen wohl noch Electricität, Galvanismus, Magnetismus, Licht, einige chemische Kräfte etc. Einfluss auf Störungen des Gleichgewichtes haben; da jedoch ihre diesfällige Einwirkung noch gar nicht ermittelt ist und schwerlich sehr bedeutend sein mag, so können wir diese Kräfte nicht in Betracht ziehen.

Aufmerksamkeit meist nur auf die oberen Strömungen, und erst in neuester Zeit fängen die in grösseren Tiefen gemachten Temperatur-Bestimmungen an, ein spärliches Licht auf die Strömungen der Meerestiefen zu werfen.

4. Die Meere sind von Continenten begrenzt, welche den Strömungen unüberwindliche Schranken setzen und hierdurch einen grossen Einfluss auf Richtung, Ausdehnung und Geschwindigkeit der Strömungen ausüben. Ganz anders verhält es sich mit der Atmosphäre, welche den Erdball rings umgiebt und nur etwa durch hohe Bergketten einigermassen in ihrer freien Bewegung gestört wird. Dagegen können aber in der Atmosphäre durch den Einfluss des Inneren der Continente Strömungen entstehen, welche das Meer nicht aufzuweisen hat.

Endlich wäre noch eines, freilich nur conventionellen Unterschiedes zwischen Luft- und Meeres-Strömungen zu erwähnen. Die Winde werden nämlich allgemein nach der Richtung, aus welcher sie kommen, genannt, während die Meeresströmungen immer den Namen der Richtung tragen, welcher sie zufliessen. Diese Verschiedenheit der Benennungen für Luft- und Meeres-Strömungen scheint auf den ersten Blick unbequem, aber der Gebrauch hat diese Benennungen in allen Sprachen so eingebürgert, dass, wie Laugthon[1]) ganz richtig bemerkt, ein Versuch, diese Gewohnheit zu ändern, nur zu Missverständnissen Veranlassung geben würde. Um angehenden Seeleuten diesen Gebrauch einzuprägen, braucht man in der russischen Marine gewöhnlich folgende Phrase: „Der Wind bläst in die Windrose hinein, die Meeres-Strömungen aber fliessen aus der Windrose heraus.“

Die soeben angeführten Verschiedenheiten der Luft und des Wassers erklären, warum die Strömungen in der Atmosphäre uns oft ganz anders erscheinen, als die des Oceans, da beide Arten von Strömungen der Einwirkung so vieler und mannigfaltiger Nebenumstände ausgesetzt sind, dass die Gemeinschaft der Grundgesetze beider fast nicht mehr herauszufinden ist. Und doch müssen wir über diese Grundgesetze im Reinen sein, bevor wir uns auf die Betrachtung der Neben-Einwirkungen einlassen können.

Die Beständigkeit, mit welcher die grossen oceanischen Strömungen und die Passatwinde sich bewegen, und die Analogie, welche zwischen beiden herrscht, berechtigen uns zu glauben, dass gerade diese Strömungen weniger dem Einflusse verschiedener Nebenursachen ausgesetzt

---

[1]) Laughton: Physical Geography, London 1870, p. 176.

sind und sich daher ganz besonders zum Studium allgemeiner Strömungsgesetze eignen. Daher wollen wir die oben genannten drei Ursachen, welche unseres Wissens allein im Stande sind, das Gleichgewicht des Meeres und der Atmosphäre zu stören und Strömungen zu erzeugen, einzeln prüfen. Wir wollen ermitteln, inwiefern ein jeder dieser Gründe als Erzeuger der beständigen Meeresströmungen und Passatwinde zu betrachten ist, und in welchem Maasse er den jetzt bestehenden Erklärungen dieser Strömungen entspricht. Die wechselnden Winde und kleineren Küstenströmungen wollen wir aber im allgemeinen unbeachtet lassen, weil, wie schon gesagt, unsere Kenntnisse noch viel zu beschränkt sind, um nur im Entferntesten an eine alle Strömungen umfassende Theorie denken zu können.

Bevor wir aber an die Prüfung der Kräfte gehen, welche die beständigen Strömungen hervorrufen, wollen wir in einigen Worten die grossen oceanischen Strömungen und die Passatwinde schildern und darauf hinweisen, wie man sich gegenwärtig die Entstehung dieser Natur-Erscheinungen erklärt.

Die beständigen Meeres-Strömungen und Passatwinde. —
Bisherige Ansichten über deren Entstehung.

Die Analogie, welche sowohl zwischen den beständigen Strömungen der verschiedenen Oceane, als auch zwischen den Passatwinden und den Aequatorial-Strömungen des Meeres stattfindet, ist höchst
auffallend. Sowohl im Atlantischen Ocean, als im Stillen und Indischen
fliesst zu beiden Seiten des Aequators ein gegen 20 Breitengrade [1])
einnehmender, viele Tausend Fuss tiefer Strom von O. nach W. Man
nennt diese Strömung den Aequatorialstrom, indem man ihm gewöhnlich, zur näheren Bezeichnung, die Benennung des betreffenden Oceans
und der Hemisphäre zufügt. Zwischen diesen beiden Aequatorial-
Strömungen befindet sich in allen drei genannten Oceanen fast auf
dem Aequator ein verhältnissmässig schmaler Gürtel, in welchem ent-
weder gar keine Strömung, oder eine in entgegengesetzter Richtung
fliessende bemerkt wird. Die Aequatorialströme setzen ihren Lauf
nach Westen fort, bis sie auf Küsten stossen, welche ihre Richtung,
je nach der Lage dieser Küsten, ablenken und ihnen eine mehr oder
weniger meridionale Richtung geben, bis sie in beiden Hemisphären
in der Nähe des 40. Breitengrades nach Osten umbiegen, um in dieser
Richtung den Ocean auf's Neue zu durchschneiden. Dieser letztere,
von Westen nach Osten fliessende Strom nimmt so ziemlich einen
Gürtel von 10 Breitengraden ein und wird in allen Oceanen und in
beiden Hemisphären ungefähr zwischen den Parallelen des 40. und

----

[1]) Im Indischen Ocean ist der nördliche Aequatorialstrom, durch die südlichen Ufer Asiens gestört, weniger breit.

50. Breitengrades getroffen. Dieser Strom hat in verschiedenen Oceanen verschiedene Benennungen, aber Mühry benennt ihn mit dem allgemeinen Namen Aequatorial-Compensations-Strom, denn, an der östlichen Grenze des betreffenden Oceans angelangt, wendet sich dieser Strom wieder in die Aequatorialgegend zurück, um von Neuem seinen Weg nach Westen anzutreten. Auf diese Weise bilden sich in jeder Hemisphäre regelmässige Kreisläufe, welche unter der Benennung Rotations-Ströme zusammengefasst werden. In der Mitte dieser Kreisläufe, ungefähr in der Gegend des 30. Breitengrades, befindet sich in allen Oceanen ein breiter Streifen, in dem keine Strömung bemerkt wird, und der unter dem Namen Sargasso-Meere (Krautseen) bekannt ist. Diesen dem Aequator parallel laufenden Meeres-Strömungen, mit den von ihnen umschlossenen stromlosen Gürteln, entsprechen genau die Passatwinde mit ihren Calmen-Gürteln. Auf jeder Seite des Aequators befindet sich ein 15 bis 20 Grad breiter Gürtel, indem ein beständiger Passatwind in der Hauptrichtung von O. nach W. weht. In der Nähe der Polargrenze dieser Gürtel ist die Richtung des Windes freilich meist in der nördlichen Hemisphäre von NO. und in der südlichen aus SO. In den mittleren Breiten, hauptsächlich zwischen dem 40. und 50. Breitengrade, also ganz wie beim Compensationsstrome, herrschen beständige Westwinde unter dem Namen der Antipassate. Zwischen diesen beständigen Luftströmungen befinden sich, eben so wie bei den Meeres-Strömungen, sowohl in der Nähe des Aequators. als unweit des 30. Breitengrades beider Halbkugeln windlose Gürtel, welche unter dem Namen der Aequatorial- und der Wendekreis-Calmen bekannt sind. Die Passate mit den ihnen zugehörigen Calmengürteln verschieben sich, je nach den Jahreszeiten, etwas, indem sie im Sommer der nördlichen Hemisphäre etwas nach Norden rücken und im Winter dagegen nach Süden. Bei den Meeres-Strömungen wird dieses Verschieben der Strömungsgürtel weniger gemerkt, und daher stimmen die Wasser- und Luft-Strömungen nicht genau überein; aber, kleine Abweichungen ausgenommen, bieten die Passatwinde mit ihren Calmen uns doch ganz dasselbe Bild wie die Aequatorial-Strömungen mit ihren stromlosen Gürteln. Trotz dieser auffallenden Aehnlichkeit werden doch bis jetzt die Passatwinde ganz anderen Ursachen zugeschrieben als die grossen Rotationsströme der Meere.

Wir wollen auf diesen Gegenstand gleich wieder zurückkommen, jetzt aber nur noch erwähnen, dass die übrigen grossen Strömungen in den verschiedenen Oceanen ebenfalls einander so vollkommen entsprechen, dass man schon daraus auf die Existenz ganz bestimmter

Gesetze schliessen muss. So zeigen der Golf-Strom und der japanische Kurosiwo ganz dieselben Erscheinungen. Beide sind Ströme warmen Wassers, fliessen in NO.licher Richtung und werden von der im Westen ihres Laufes gelegenen Küste durch einen in entgegengesetzter Richtung fliessenden Kaltwasser-Strom getrennt. Der kalte Peruanische und Süd-Guinea-Strom entsprechen einander ebenso wie der warme Brasilische Strom und der Mozambique-Strom. — Endlich herrscht im ganzen südlichen Polarmeere eine schwache Strömung von SW. nach NO. Die Passatwinde werden seit dem 17. Jahrhundert als Polar-Strömungen dargestellt, die nur durch die Rotation der Erde um ihre Achse eine Abweichung von der Richtung der Meridiane erhalten. Diese Theorie wurde, soviel uns bekannt, zuerst (freilich sehr unvollkommen) von Varenius 1650 aufgestellt, ist aber später von Halley 1686 und Hadley 1735 vervollkommnet und wird meistens nach letzterem benannt, da sie seitdem keine Fortschritte gemacht hat. — Dass diese Theorie eine so allgemeine Anerkennung gefunden hat, ist um so auffallender, da manche Erscheinungen der Passatwinde mit derselben sehr wenig übereinstimmen.

Nach dieser Theorie befinden sich die durch Erwärmung leichter werdenden Luftmassen der Aequatorial-Gegenden in einer fortwährend emporsteigenden Bewegung, wodurch die kühlere und schwerere Luft der höheren Breitengrade einen Impuls erhält, nach dem Aequator zu strömen. Da die Rotations-Geschwindigkeit des Aequators grösser ist, als die der übrigen Breiten, und allmälig nach den Polen zu abnimmt, die Lufttheilchen aber nach dem Gesetze der Trägheit sich weigern, sogleich diese grössere Geschwindigkeit anzunehmen, wenn sie auf Parallelkreise gelangen, die sich rascher bewegen, so wird die Polarströmung nach Westen hin abgelenkt und äussert sich in der nördlichen Hemisphäre durch einen NO.-, und in der südlichen durch einen SO.-Wind. In höheren Schichten kehrt die aufgestiegene Luft nach den Polen zurück, um als Ersatz für die von dort in wärmere Breiten entströmte Luft zu dienen. Dieser obere Antipassat nimmt, indem er polwärts weht, in beiden Hemisphären durch die Rotation der Erde eine Abweichung nach Osten an. Durch Abkühlung und die Polar-Convergenz der Meridiane zusammengedrückt, senkt er sich ungefähr im 30. Grad der Breite auf die Oberfläche der Erde herab und bildet so die beständigen Westwinde der mittleren Breiten. Das Heraufsteigen der Luft beim Aequator und das Niedersinken im 30. Breitengrade soll im ersten Falle die Calmen des Aequators, im zweiten die Calmen der Wendekreis-Gürtel erzeugen.

Dieses ist in aller Kürze die allgemein bekannte Theorie der Passatwinde, welche sich aber durchaus nicht zur Erklärung der sich ebenso äussernden Rotationsströmung der Meere eignet.

Die äquatoriale Meeres-Strömung wird noch bis jetzt von Vielen als ein von den Passatwinden hervorgerufener Driftstrom betrachtet. Diese schon längst bestehende Meinung erfuhr durch die Autorität Franklin's und Rennell's eine solche Bestärkung, dass sie trotz der kräftigen Widerlegung Maury's und Mühry's sich bis jetzt, wenngleich auch nur in England, erhält. Noch neuerdings haben z. B. Herschel, Carpenter und Laughton sich für diese Erklärung ausgesprochen. Weit vorherrschender ist jedoch jetzt die Ansicht, dass die Ursache des Aequatorialstroms unmittelbar in der Rotation der Erdkugel um ihre Achse zu suchen sei. Columbus, der Entdecker des Aequatorialstroms (1492), erklärte ihn durch die allgemeine Bewegung des Himmels (con los cielos) von O. nach W.[1]) Dieser Meinung vom „Primum Mobile" folgten Alle, bis Kepler im Anfange des 17. Jahrhunderts andeutete und Varenius 1650 es ausführlicher nachwies, dass nicht das „Primum Mobile", sondern die rotirende Bewegung der Erde diese Strömung hervorrufe, indem das Wasser nicht im Stande sei, der raschen Bewegung der Erde zu folgen. Mühry, die Hauptautorität auf dem Felde der Meeres-Strömungen, theilt im Wesentlichen vollkommen diese Ansicht, nur giebt er ihr einen anderen, nicht ganz verständlichen Ausdruck. Er sagt nämlich[2]), wie schon Fourier[3]) vor ihm, das Zurückbleiben des Wassers werde durch die Centrifugal-Kraft der Erde bewirkt. — Unter diesem Ausdrucke sind wir gewohnt, die vom Centrum abschleudernde Kraft zu verstehen, welche immer in der Richtung des Radius eines jeden Parallelkreises wirkt, und sehen daher nicht ein, woher diese Kraft eine Verminderung der Rotations-Schnelligkeit des Wassers im Vergleich zur Rotations-Geschwindigkeit des ganzen Erdballs verursachen könnte.

Den in den mittleren Breiten von W. nach O. laufenden Compensations-Strom dagegen erklärt Mühry durch die aspirirende oder anziehende Kraft des Aequatorialstroms, d. h. durch die Ausgleichbestrebung des Wassers, welches die durch den primären Strom verursachte Leere auszufüllen strebt. Er lässt also die aspirirende Kraft

---

[1]) Kohl: Geschichte des Golfstroms, p. 30.
[2]) Mühry: Ueber die Lehre von den Meeres-Strömungen, p. 5.
[3]) Annales de chim. et phys. 1824, p. 140.

in einem ungeheuren Bogen quer über den ganzen Ocean, und hauptsächlich zwischen den Parallelen des 40. und 50. Breitengrades wirken. — Ein entschiedener *Circulus vitiosus.*

Die meridionalen Strömungen [1]) werden meistens durch die beständige Temperatur-Differenz der Aequatorial- und Polar-Gegenden
erklärt, wobei Mühry den kalten und schweren Polarströmen die
primäre und den wärmeren und leichteren compensirenden Antipolar-
Strömen die secundäre Wirkung zuschreibt. Dabei erhalten, in Folge
der nach den Polen zu abnehmenden Geschwindigkeit der Erdrotation,
alle kalten oder Polarströme eine Ablenkung ihrer Richtung nach W.,
die warmen Antipolarströme aber eine Ablenkung nach O. hin. Franklin und Rennell erklärten auch die meridionalen Strömungen durch
die Wirkung der Passatwinde. Sie glaubten nämlich, dass durch die
Treibkraft dieser Winde das Wasser sich im Golf von Mexico an-
sammle und im Golfstrome einen Abfluss finde, — eine Ansicht, die
jetzt wohl kaum noch Anhänger besitzen mag.

Nachdem wir die jetzt bestehenden Erklärungen über die Entstehung der grossen Meeres-Strömungen und der Passate in möglich-
ster Kürze angedeutet haben, wollen wir es nun versuchen, uns Rechenschaft darüber zu geben, auf welche Art eine jede der vorhergenannten,
das Gleichgewicht des Wassers und der Luft störenden, drei Kräfte
auf die Strömungen einzuwirken vermag, wie ihr Einfluss sich äussern
muss, und endlich inwiefern die bisherigen Erklärungen der Wirklichkeit entsprechen.

---

[1]) Mühry nennt diese in der Richtung des Meridians fliessenden Strömungen die latitudinalen.

A. Veränderung des specifischen Gewichtes des Wassers und der Luft.

a. Temperatur-Differenz.

Jeder Körper hat die Eigenschaft bei erhöhter Temperatur einen grösseren Raum einzunehmen, unter Beibehaltung der gegebenen Anzahl seiner Theilchen und seines Gewichtes. Daraus folgt, dass nach Erhöhung der Temperatur eines Körpers weniger Theilchen desselben Körpers in einem gegebenen Raume Platz finden können, also auch das specifische Gewicht mit Erhöhung der Temperatur abnehmen muss. Die verschiedenartigen Körper dehnen sich sehr verschieden aus, und verändern daher auch ihr specifisches Gewicht sehr verschieden. Nach Bestimmungen von Erman[1] dehnt sich das Meerwasser zwischen 0° und 12° R. bei jedem Grade auf 0,00027 seines Volumen aus. Darauf fussend hat man berechnet,[2] dass die ganze Masse des äquatorialen Wassers auf 14 Fuss höher stehen würde als das Wasser der Polar-Meere, wenn es nicht abfliessen könnte. Man hat geglaubt diese Tendenz des äquatorialen Wasserspiegels emporzusteigen, als Erklärung des Golfstromes brauchen zu können, der demnach bergab fliessen würde. Doch diese unbedeutende Erhöhung des äquatorialen Meeresspiegels würde nicht einmal ein Gefälle von $\frac{1}{4}$ Zoll auf die deutsche Meile geben, was im Verhältniss zur Geschwindigkeit viel zu unbedeutend ist. Jedoch selbst diese vorausgesetzte unbedeutende Erhöhung des Meeresspiegels kann thatsächlich nie entstehen, denn sobald einige Theilchen des Wassers um ein geringes leichter werden, müssen dieselben sich, dem Gesetze der Schwere folgend, sofort gleichmässig auf der ganzen Meeres-Oberfläche ausbreiten. Dadurch entsteht nothwendiger Weise eine Strömung des wärmeren und daher leichteren

---

[1] Poggendorff's Annalen, Band XX, p. 114.
[2] Bischof, Lehrbuch der Chem. u. Phys. Geologie, p. 7.

oberflächlichen Wassers nach den kälteren Gegenden und des schwereren kalten Wassers am Boden nach den wärmeren Gegenden hin. Ein solcher beständiger Austausch des Wassers der wärmeren und der kälteren Meere besteht in der Wirklichkeit. Einen Beweis dafür liefern uns die mit wachsender Tiefe beständig abnehmenden Temperaturen des Oceans, welche selbst in den Aequatorial - Gegenden in grösseren Tiefen sehr gering sind. Eine Ausnahme von dieser Regel machen nur solche Meere, welche vom Ocean durch eine Schwelle getrennt sind, über der das Wasser bedeutend weniger tief ist. In solchen Meeren sinkt die Temperatur blos bis zu einer Tiefe, welche mit der Höhe des Wasserstandes über der Schwelle correspondirt, später aber bleibt sie fast unverändert, weil das durch die Schwelle abgeschiedene kältere Wasser keinen Zufluss haben kann. Ein Beispiel dafür liefert uns das Mittelmeer, welches mit dem Ocean durch die nur wenig über 100 Faden tiefe Strasse von Gibraltar verbunden ist, und das Skagerrack mit einigen norwegischen Fjorden, für welche der Boden der verhältnissmässig bedeutend flacheren Nordsee eine Schwelle bildet. — Es unterliegt also keinem Zweifel, dass Strömungen an der Oberfläche der Meere aus wärmeren nach kälteren Gegenden, und in der Tiefe aus kälteren nach wärmeren Gegenden stattfinden. Es bliebe also bloss übrig, uns eine Vorstellung von der Geschwindigkeit dieser Strömungen zu machen.

Das Wasser, als ein schlechter Wärmeleiter, erwärmt sich nur sehr langsam und dehnt sich ebenso langsam aus. Da nun überdies diese Ausdehnung auch noch sehr unbedeutend ist, so kann die durch Temperaturdifferenz hervorgerufene Strömung ebenfalls nur eine höchst langsame, schleichende Bewegung sein.

Um die Entstehung der meridionalen Strömungen aus Temperaturdifferenz zu veranschaulichen, zeigte Carpenter am 9. Januar 1871 in der Londoner Geographischen Gesellschaft folgendes Experiment. Er füllte zu diesem Zwecke einen einige Fuss langen Glaskasten mit Wasser, welches er an einem Ende des Kastens mit Eis abkühlte, am anderen Ende aber vermittelst einer besonderen Vorrichtung an der Oberfläche erwärmte. Das abgekühlte Wasser wurde roth, das warme aber blau gefärbt. Zu Ende der Vorlesung, die doch wohl eine Stunde gedauert haben mag, hatte das blaue Wasser sich an der Oberfläche, und das rothe am Grunde fortbewegt, aber trotz der ziemlich bedeutenden Temperaturdifferenz und der geraumen Zeitdauer waren die gefärbten Wassertheilchen doch nur auf wenige Fuss fortgerückt. Dieses Experiment beweist also nur, was wir auch schon

gesagt, d. h. dass durch Temperaturdifferenz ein Austausch der Wasser-
theilchen stattfinden muss, dass aber dieser Austausch sehr langsam
vor sich geht, selbst bei bedeutender Temperaturdifferenz und geringer
Entfernung der verschieden erwärmten Gewässer.

In der Natur ist aber der Unterschied der Temperatur des Meerwassers ein verhältnissmässig unbedeutender und beträgt im Ganzen
nie mehr als gegen 30° C., wobei diese verschiedene Temperatur
des Wassers sich auf dem ungeheuren Abstand der Polaren von den
Aequatorialen Meeren vertheilt. So erscheint es denn wohl ganz unmöglich, dass dieser Grund eine so bedeutende Strömung wie die des
Golfstromes zu treiben vermöge. — Selbst die Masse des erwärmten
Wassers, auf die man sich so gern beruft, kann hier keine beschleu-
nigende Wirkung ausüben, weil ja nur eine unbedeutende oberflächliche
Schicht von der Sonne erwärmt wird, und dem direkten, allmäligen,
unmittelbar zum Endziele hinstrebenden Austausche der Wassertheilchen
kein Hinderniss in den Weg tritt. Nur wenn eine Meerenge grosse
Wasserbassins von verschiedener Temperatur vereinigt, kann die Masse
des wärmeren Wassers eine Rolle spielen, und die Temperaturdifferenz
eine bedeutende Strömung in der Meerenge bilden. So z. B. dürfen
wir den nördlichen Theil des Atlantischen Oceans zwischen Norwegen
und Grönland als eine breitere Meerenge betrachten, welche das nördliche Polarbecken mit dem Ocean verbindet.

Die Luft ihrerseits dehnt sich bei Erwärmung ungefähr 15 Mal
stärker aus als das Wasser, und der Einfluss der Temperaturdifferenz
auf die Luftströmungen ist durchaus nicht abzusprechen, doch wird
auch hier dieser Einfluss im Allgemeinen sehr stark überschätzt. Die
Luft ist nämlich ebenso wie das Wasser ein schlechter Wärmeleiter
und wechselt daher auch nur langsam ihre Temperatur und mit derselben ihr specifisches Gewicht. Daher sind wir entschieden der Ansicht, dass die Ausdehnung der Luft durch Erwärmung im Freien
höchstens ein allmäliges Zuströmen der Luft, aber niemals einen plötz-
lichen Windstoss oder gar ein sehr rasches Fallen des Barometers
verursachen kann. Die sich allmälig erwärmende Luft hebt sich nur
sehr allmälig und langsam und wird ebenso langsam von kühlerer
Luft ersetzt. Ein brennendes Licht oder ein gutes Kaminfeuer giebt
uns den besten Beweis der Richtigkeit des eben Gesagten. Obgleich
die im Kamine entwickelte Temperatur unvergleichlich bedeutender
ist, als sie in der Natur durch Erwärmung der Sonne jemals vorkommt,
und der Zug des Kamins durch die hohe und schmale Röhre des
Rauchfangs künstlich vergrössert wird, so ist dieser Zug doch so un-

bedeutend, dass er selten ein in den Kamin geworfenes Stück Papier davon tragen kann, und selbst die Asche von verbranntem Papier kaum gehoben wird. Dieses zeigt uns, dass sogar eine sehr starke Erwärmung doch nur ein langsames Aufsteigen der Luft verursacht, so dass dadurch bei gewöhnlichen Verhältnissen allenfalls ein Lufthauch, aber kein Wind verursacht werden kann. Bei einem Waldbrande scheint die ungeheure Hitze einen bedeutenden aufsteigenden Luftstrom zu verursachen, und selbst dann ist der dadurch bewirkte Zustrom der Luft nur in der allernächsten Umgebung des Brandes fühlbar.

Wir glauben daher, dass Wind meist nur entstehen kann durch Condensation der in der Atmosphäre befindlichen Wasserdämpfe, welche die Eigenschaft besitzen, sehr plötzlich den Grad ihrer Elasticität und den durch dieselbe entstehenden Druck bedeutend zu verändern, was natürlich auf alle atmosphärischen Erscheinungen einen grossen Einfluss ausüben muss. Freilich steht die Elasticität der Wasserdämpfe im engsten Verhältnisse zur Temperatur, welche insofern also indirekt auf Entstehung des Windes einwirkt. Ob aber das die einzige Ursache ist, welche Wasserdämpfe condensirt, wissen wir nicht. Da bei Verdichtung der Wasserdämpfe stets Electricität frei wird, so könnte vielleicht auch umgekehrt die Condensation durch Electricität verursacht werden.

Auf jeden Fall sind es aber Veränderungen in der Spannung der Wasserdämpfe, welche starke Winde erzeugen, und nur in ganz besonderen Fällen kann die an und für sich langsame Ausdehnung der Luft Winde von grösserer Stärke entwickeln. So z. B., wenn ein grösserer Theil eines Continentes stark von der Sonne erwärmt wird. Die in diesem Falle von der ganzen ungeheuren Fläche, wenn auch nur sehr langsam, aufsteigende Luftmasse würde zu ihrer Ergänzung, d. h. zur Wiederherstellung des Gleichgewichts, einer solchen Masse Luft bedürfen, dass die Zuströmung sehr beschleunigt werden müsste, weil sie eine im Verhältniss zur Grösse der erwärmten Fläche nur wenig hohe Schicht bildet. Ein Beispiel für auf diese Art erzeugte Winde bieten uns die Monsune. Ueber dem Ocean kann die Atmosphäre nie so sehr erwärmt werden, wie über dem Lande; ausserdem aber steigert sich mit der Temperatur der Luft auch die Verdunstung des Meerwassers und die Elasticität der Wasserdämpfe. Wenn also die Ausdehnung der Luft den atmosphärischen Druck vermindert, so wird derselbe andererseits durch die zunehmende Elasticität und Quantität der Wasserdämpfe wiederum verstärkt, und es ist schwer zu entscheiden, welcher von diesen beiden Einflüssen die grössere

Wirkung ausüben mag. Angenommen, die Verminderung des atmosphärischen Drucks durch Ausdehnung der Luft sei grösser, als die Steigerung des Druckes durch Wasserdämpfe, so scheint es uns doch selbstverständlich, dass der durch Erwärmung eines Continentes entstandene Wind viel stärker sein müsse, als der durch Erwärmung der Luft über dem Ocean hervorgebrachte, wobei vorauszusetzen wäre, dass beide auf sehr bedeutenden Räumen stattfänden.

Wenn also die bekannte Theorie der Passatwinde richtig wäre, und dieselben vom Aufsteigen der erwärmten Luft erzeugt wären, so müssten die Passate im Sommer in die Sahara hinein wehen, da dort das Thermometer nicht selten 50⁰ C. im Schatten zeigt, während in den Aequatorial-Gegenden des Oceans die Temperatur der Luft nie über 30⁰ C. steigt. Indessen weht der Passat an der Nordwestküste Afrika's beständig aus der Wüste heraus und trägt den feinen Wüstensand weit in den Ocean hinein.

Ferner ist im Sommer die Temperatur des 20. und 30. Breitengrades nicht geringer, ja sogar noch höher als die des Aequators, und doch verschieben sich die Passatgürtel nur unbedeutend, und der Passat behält seine gewohnte Richtung.

Gleichfalls soll nach der Hadley'schen Theorie in den Calmen-Gürteln ein aufsteigender oder herabsinkender Luftstrom herrschen. Dieser Luftstrom müsste doch recht bedeutend sein, wenn er die frisch blasenden Passate und Antipassate hervorbringen soll, und das Aufsteigen der Luft in den Aequatorial-Calmen und das Niedersinken derselben in den Wendekreis-Calmen müsste sich doch bemerkbar machen, selbst wenn diese Bewegung eine sehr langsame wäre. Das ist aber gar nicht der Fall. Ein von den Segeln sich ablösendes Stäubchen fällt sowohl im Aequatorial-Calmen-Gürtel, als in denen der Wendekreise ruhig zu Boden, ohne dass sich die geringste Tendenz zeigt, hinauf oder herunter getrieben zu werden. Daraus schliessen wir, dass die hinauf- oder herabsteigenden Luftströmungen der Calmengürtel, wenn sie wirklich existiren, so gering sein müssen, dass man ihnen unmöglich die Erzeugung der Passate und Anti-Passate zuschreiben kann.

Bedenken wir ferner, dass in den mittleren Breiten der nördlichen Hemisphäre der Anti-Passat oft aus NW. anstatt aus SW. und in der südlichen Halbkugel aus SW. anstatt aus NW. weht, was doch nicht sein könnte, wenn er, wie die Theorie Hadley's es verlangt, eine nach den Polen hin gerichtete Strömung bilden würde.

Endlich wehen diese beständigen Westwinde in Mittel-Europa im Sommer sehr gemässigt, während sie im Winter sehr an Kraft zunehmen, was wieder der Theorie nicht entspricht, da gerade im Sommer die östlich gelegenen Steppen stark erwärmt werden und den Westwind anziehen sollten, während die im Winter im östlichen Europa herrschende Kälte im Gegentheil zur Schwächung des Westwindes beitragen müsste.

Alles dieses und noch viele andere Gründe[1]) zeigen, dass die gegenwärtig bestehende Theorie der Passatwinde nicht genügt, um ihre Erscheinung zu erklären, und dass wir nach einer anderen suchen müssen.

Wir streiten deshalb durchaus nicht ab, dass erwärmte Luft aufsteigen muss, glauben nur, dass dieses Aufsteigen, da die Erwärmung und Ausdehnung sehr allmälig vor sich gehen, auch ein sehr langsames sein muss und daher nicht die Hauptursache der Passate ausmachen kann. — Der Hauptbeweggrund dieser Winde scheint also in anderen Kräften zu liegen, von denen wir später sprechen wollen.

Wenn nun die Temperaturdifferenz nur unbedeutende Winde durch Ausdehnung der Luft hervorrufen kann, so ist es klar, dass im vielfach weniger ausdehnbaren Wasser, welches nur bis zu einer verhältnissmässig geringen Tiefe erwärmt wird, keine grosse Strömung durch diesen Grund erzeugt werden kann. Wenn diese Kraft genügend wäre, eine bedeutende Strömung zu verursachen, so würde sie sich auf der ganzen Fläche des Oceans und nicht bloss an einem Rande desselben in einem schmalen Streifen zeigen.

Wir lassen nichtsdestoweniger gelten, dass die Erwärmung des Wassers in gewissen Fällen einen wesentlichen Einfluss auf die Unterhaltung und Ausdehnung einer schon bestehenden Strömung haben kann. Wenn z. B. eine aus anderen Gründen entstandene Strömung auf eine Küste stösst, so nimmt sie gewöhnlich die Richtung dieser Küste an, längs welcher sie sich fortbewegt, bis sie aus dem Bereiche der sie entwickelnden Wirkung herauskommt. Sammelt nun aber diese Strömung das an der Oberfläche des Meeres erwärmte Wasser an der Küste, so wird die sich immer von neuem ersetzende Menge warmen und leichteren Wassers beständig das Bestreben äussern, sich über das schwerere Wasser der kälteren Gegenden auszubreiten. Die Temperatur-Differenz wird also in diesem Falle einen wesentlichen Einfluss auf die Fortbestehung und die Richtung der Strömungen nach höheren

[1]) Laughton: Physical Geography, p. 120—127.

2

Breiten hin haben, kann aber nicht selbstständig die Strömung erzeugen. Dieses erklärt uns denn auch, woher sich warme und kalte Strömungen vorzüglich am Rande der Meere äussern. Der erste Anstoss zu diesen Strömungen, welcher das erwärmte Wasser sammelt, entsteht aber nicht durch Temperatur-Differenz, sondern immer aus anderen Ursachen. Die Ermittelung dieser ersten Anfangs-Ursachen ist aber zur Begründung einer Theorie von sehr grosser Bedeutung, denn ohne genauere Kenntniss der Grundgesetze können wir uns auch keine Rechenschaft über die Wirkung der Nebenursachen geben.

Betrachten wir jetzt den möglichen Einfluss der Verdunstung. Wie schon gesagt, steht die Verdunstung des Wassers im engen Zusammenhange mit der Wärme, denn mit gesteigerter Temperatur wächst auch die Fähigkeit der Luft, Wasserdämpfe aufzunehmen. Daher verdunstet weit mehr Wasser in den Aequatorial-Gegenden, als in höheren Breiten, und die Dämpfe werden durch Luftströmungen in andere, weniger warme Gegenden getrieben, wo sie bei Abkühlung der Luft als atmosphärischer Niederschlag dem Meere wiedergegeben werden. Selbstverständlich muss aus diesem Grunde eine obere Meeresströmung zum Aequator hin entstehen; doch kann sie nur eine sehr unbedeutende sein. Mühry rechnet nämlich, dass in den Tropen jährlich gegen 15 Fuss Wasser verdunsten, also gegen einen halben Zoll täglich. Ungefähr die Hälfte dieser Verdunstung wird den Tropen-Meeren als Regen- und Flusswasser wiedergegeben, und nur die andere Hälfte, also ein viertel Zoll täglich, kehrt durch Meeresströmungen aus höheren Breiten zurück. Eine Strömung aber, die im Laufe von 24 Stunden nur eine einen viertel Zoll dicke Wasserschicht ersetzt, muss unmerklich klein sein. Diese unbedeutende Strömung äussert sich an der Oberfläche und richtet sich dem Aequator zu, wirkt also gegen die durch Temperatur-Differenz entstandene Strömung, welche, wie wir oben bemerkten, an der Oberfläche aus wärmeren in kältere Zonen fliessen muss.

Die Verdunstung kann also im offenen Meere auch keine merkliche Strömung verursachen, aber in Meerengen, die ein Binnenmeer mit dem Ocean verbinden, kann durch grössere Verdunstung des Binnenmeeres ein Niveau-Unterschied der beiden Meere eintreten und in der Meerenge eine starke Strömung verursachen. Ein Beispiel dafür bieten uns die Strassen von Gibraltar und Babelmandeb.

Wenden wir uns jetzt zur Betrachtung des Einflusses, welchen die Wärme indirekt auf die Entstehung der Meeresströmungen haben kann, indem sie durch ihre Einwirkung auf die in der Atmosphäre befindlichen Wasserdämpfe Wind erzeugt.

Die Wirkung des Windes auf die Oberfläche des Wassers ist nicht nur den Bewohnern der Meeresküsten, sondern fast jedem Menschen bekannt. In jedem Teiche sogar sehen wir, wie das Wasser von einem starken Winde getrieben wird, und wenn der Teich flach und wenig tief ist, so tritt das Wasser nicht selten an der Windseite etwas vom Ufer zurück, um sich an der Leeseite anzuhäufen. In wenig tiefen Buchten und an der Mündung grosser Flüsse verursachen solche Anhäufungen des Wassers bei starkem Winde sogar Ueberschwemmungen. Auch an einer gradlinigen Meeresküste kann das vom Winde getriebene Wasser bedeutend steigen, wenn die Tiefe desselben sehr allmälig zunimmt, und dadurch der Abfluss nach Unten gehemmt wird.

Es treibt zwar auch im offenen Meere der Wind oft das Wasser vor sich her und bildet dadurch die sogenannten Drift- oder oberflächlichen Strömungen, die aber als unregelmässige Erscheinungen hier nicht in Betracht kommen. Wir können uns nur mit den Strömungen beschäftigen, welche von beständigen Winden, d. h. den Passaten hervorgerufen werden. Aber selbst die beständige Wirkung der Passate ist wohl kaum im Stande, eine sehr tiefgehende Strömung zu verursachen, wie schon Maury und Mühry hinlänglich nachgewiesen haben.

Die höchsten Wellen erheben sich nach Fitz-Roy's Angaben bis auf 60 Fuss,[1]) vom Wellenthale bis zum Gipfel gemessen, also auf 30 Fuss über dem Meeresspiegel. Wenn wir annähmen, dass sich der ganze Wellenberg vom Winde forttreiben lässt, — was entschieden zu viel ist —, so entstände dadurch eine Strömung von 30 Fuss Tiefe. Durch die Reibung der Wassertheilchen mag die Wirkung des Windes auf die Strömung noch etwas tiefer fühlbar werden, aber diese Strömung muss nach unten zu sehr rasch abnehmen und bald ganz aufhören. A. Findlay[2]) meint, dass der Wind nie eine Strömung von grösserer Tiefe als fünf Faden hervorrufen könne. James

---

[1]) Uns scheint diese Angabe sehr gross, denn wir haben es selbst öfter versucht, bei starkem Sturme, die Wandtaue hinansteigend, unser Auge in eine solche Lage zu bringen, dass wir mehrere Wellenkämme in dem Augenblicke, wenn das Schiff sich gerade im Wellenthale befand, in einer horizontalen Linie sahen. Die Höhe des Auges über der Wasserlinie des Schiffes bestimmt dann die grösste Höhe der Welle. Auf diese Art habe ich nur einmal bei Cap Horn, wo die Wellen ungewöhnlich hoch gehen, eine Höhe von 46 Fuss gemessen, und an der japanischen Küste im Typhon eine Höhe von 38 bis 40 Fuss; sonst war die Wellenhöhe meist noch geringer.

[2]) *A Directory for navigation of the Pacific ocean.* London 1851. Vol. II. p. 1222. — Auch Mühry. Geograph. Mittheilungen 1872, p. 136.

Croll's [1]) Bemerkung, dass die Dauer des Windes, ebenso wie seine Kraft, viel Einfluss auf die Tiefe seiner Wirkung haben müsse, mag bis zu einem gewissen Grade ganz richtig sein, aber trotzdem ist eine Einwirkung des Windes auf Strömungen in einer Tiefe von Tausenden von Fussen — wie z. B. in der Aequatorial-Strömung — nicht möglich, und wir müssen daher einsehen, dass Franklin's und Rennel's Ansicht, die Aequatorial-Strömung entstände durch die Wirkung der Passatwinde, nicht richtig sein kann.

Die Natur selbst giebt uns entschiedene Beweise gegen jene Ansicht. — Bei Verschiebung der Calmengürtel kommt es vor, dass der Aequatorialstrom im Calmengürtel ebenso gut fliesst wie im Passat. — Im Indischen Ocean hat der Wechsel der Monsoone kaum einen Einfluss auf den Aequatorialstrom. — Der Golfstrom fliesst oft gegen sehr heftige Stürme, was doch unmöglich wäre, wenn seine Bewegkraft im Passate läge.

Auch die Meinung, dass der Passat das Niveau des Golfs von Mexico erhöhe und so den Golfstrom erzeuge, ist unhaltbar. Erstens ist durch Nivellement der Landenge von Panama und der Halbinsel Florida erwiesen, dass dieses nicht der Fall sei, indem das Niveau des Mexicanischen Golfes, sowohl mit dem des Grossen Oceans, als auch mit dem des Atlantischen so ziemlich übereinstimmt. Zweitens kann aber auch im offenen Meere nie eine dauernde Niveau-Erhebung durch Wirkung des Windes entstehen, denn sobald einige Wassertheilchen vom Winde getrieben ihren Ort verändern, so zwingen sie durch ihren Druck sogleich eben so viele andere Theilchen, den von ihnen frei gelassenen Raum einzunehmen. Nur dort, wo die Küstenbildung diese rückströmende Bewegung verhindert oder wenigstens aufhält, kann eine Niveau-Veränderung stattfinden.

Der mechanische Druck des Windes auf die Oberfläche des Wassers kann freilich selbst im offenen Meere den Niveaustand etwas verändern, aber da der Wind meist horizontal oder doch unter sehr spitzem Winkel auf die Oberfläche wirkt, so ist der mechanische Druck so gering, dass die durch ihn hervorgerufenen Schwankungen des Meeres-Niveaus ebenfalls unbedeutend sein müssen.

Ebenso müssen die Schwankungen des atmosphärischen Druckes einen Einfluss auf den Wasserstand der Meere und folglich auch auf die Meeres-Strömungen ausüben. — Wenn z. B. der Barometerstand um einen Zoll fällt, so muss sich der Meeresspiegel an dem Orte auf

---

[1]) Philosoph. Magaz. Oct. 1871, p. 268.

13,6 Zoll heben und umgekehrt, also eine Strömung von hohem Barometerstande aus zur Gegend, wo ein niedrigerer obwaltet, sich bilden. Selbstverständlich kann eine auf diese Weise erzeugte Strömung im Ocean nur sehr unbedeutend und unregelmässig sein, da sie sich mit jedem Wechsel des atmosphärischen Druckes ändert. — Nur in Meerengen kann sich auch hier wieder diese Kraft fühlbar machen.

Wollen wir annehmen, dass in einem nur durch eine Meerenge mit dem Ocean verbundenen Binnenmeere das Barometer plötzlich um einen Zoll fiele, das Niveau dieses Meeres also um 13,6 Zoll niedriger steht, als das Gleichgewicht mit dem Oceanwasser es in dem Augenblicke verlangt. Die fehlende Wassermasse muss also durch die Meerenge aus dem Ocean nachrücken.

Diesem Umstande müssen wir es zuschreiben, dass im Sunde ein Wechsel in der Richtung der Strömung meist 24 Stunden früher eintritt als ein Wechsel in der Richtung des Windes. Ebenso steigt im Finnischen Meerbusen das Wasser gewöhnlich bedeutend früher als der SW-Wind eintritt, und dieses Steigen wird auch im Winter bemerkt, wenn die ganze Meeresfläche mit Eis bedeckt und dadurch der direkten Wirkung des Windes entzogen ist.

b. Salzgehalt des Meerwassers.

Die Veränderungen im Salzgehalte der Meere üben einen sehr grossen Einfluss auf das specifische Gewicht des Wassers aus. Die in verschiedenen Welttheilen gemachten Beobachtungen haben aber erwiesen, dass der Unterschied des Salzgehaltes der verschiedenen Oceane höchst unbedeutend ist.[1]) Dieses zwingt uns zu dem Schlusse, dass die Strömungen den geringsten Unterschied im Salzgehalte des Wassers sogleich auszugleichen suchen.

Die Ursachen, welche den Salzgehalt des Wassers verändern, können zufällig und zeitlich wirkende, oder beständig sich in gewissen Gegenden wiederholende sein. Im ersten Falle bewirken sie veränderliche Strömungen, welche nicht zu unserer Betrachtung gehören, im zweiten müssen sie aber dem Wasser eine beständige Bestrebung des Austausches verleihen und beständige Strömungen hervorrufen.

In den Aequatorial-Gegenden z. B. lässt der halbe Zoll Wasser, welcher täglich verdunstet, beständig sein Salz zurück, welches bei

---

[1]) *On the composition of seawater in different parts of the Ocean.* (*Philosoph. transactions of the Royal Society of London.* 1865. Vol. 165. Part. L. p. 203).

der ungeheuren Tiefe des Oceans das specifische Gewicht des übrigen Wassers kaum merklich vergrössern kann.

Schliesslich muss aber doch dieses sehr allmälig und unbedeutend salziger und also auch schwerer werdende, abwärts sinkende Wasser dennoch in der Tiefe eine, wenn auch nur sehr schwache Strömung verursachen, welche ihre Richtung in die Gegenden nehmen muss, wo die Verdunstung gering, der atmosphärische Niederschlag aber bedeutend ist, also in die höheren Breiten hin. Folglich wirkt, wie wir oben schon sahen, die durch Verdunstung des Wassers hervorgerufene Strömung derjenigen entgegen, welche von der Temperatur-Differenz durch Ausdehnung des Wassers erzeugt wird.

Im Polarmeere wird im Winter viel Wasser in Eis verwandelt, wobei das Salz dieses Wassers ausgeschieden wird. Dieses Salz vergrössert, wenn auch nur unbedeutend, das specifische Gewicht des kalten und daher ohnehin schweren Polarwassers und trägt ein Geringes zur unteren Strömung in der Richtung zum Aequator hin bei, wirkt also, dem vorigen Falle zuwider, ebenso wie die Temperatur-Differenz. Vielleicht trägt dieses dazu bei, dass die Strömung des Golfstromes im Winter etwas stärker ist als im Sommer.

In einem höchst interessanten Artikel über die Meeres-Strömungen an der Südspitze von Amerika spricht Mühry [1]) auf Grundlage der Winter-Temperatur Patagoniens die Vermuthung aus, dass auch der Brasilische Strom im Winter der südlichen Hemisphäre stärker ist, als im Sommer.

Im Sommer, wenn das Polareis schmilzt, entsteht dadurch eine oberflächliche Polarströmung, da das aus dem geschmolzenen Eise entstandene, wenig salzige Wasser trotz seiner Kälte sich an der Oberfläche erhält. Schon Scoresby bemerkte, dass bei Spitzbergen das oberflächliche Wasser wärmer sei, als bei einigen Fuss Tiefe. Neuerdings ist diese Beobachtung durch die schwedische Expedition und durch den norwegischen Capt. Ulve [2]) bestätigt worden.

Leider besitzen wir bis jetzt noch keine genauen Bestimmungen über die grösste Dichtigkeit des Meerwassers bei verschiedener Temperatur und verschiedenem Drucke. — Auf jeden Fall scheint sich aber Mühry's Ansicht, dass das Meerwasser ebenso wie das süsse Wasser die grösste Dichtigkeit bei + 4° C. erlangt, gar nicht zu bewähren, denn man hat in neuester Zeit gefunden, dass die Temperatur bei sehr

---

[1]) Petermann, Geograph. Mittheilungen Bd. 18, 1872, p. 126.
[2]) Petermann, Geograph. Mittheilungen Bd. 18, 1872, p. 317.

grossen Tiefen oft sogar unter 0° sinkt. Wahrscheinlich ist es, dass der grosse Druck, dem das Wasser der Meerestiefe ausgesetzt ist, auch einen Einfluss darauf ausübt, dass das Wasser selbst unter 0° nicht gefriert. Wenn frühere Beobachtungen dem zu widersprechen scheinen, so hat das wohl seinen Grund darin, dass die früheren Thermometer nicht genügend gegen den Druck der Tiefe geschützt waren und daher immer die Temperatur der unteren Schichten zu hoch angaben. Auf diesem Fehler beruht auch Ross's bekannte Theorie von beständiger Temperatur + 39° F. (+ 3°,1 R.) in der Tiefe.

An der Mündung der Flüsse muss das süsse Wasser sich auf der Oberfläche ausbreiten und daher eine von der Flussmündung ausgehende Strömung verursachen, bis sich das Wasser genügend mit dem salzigen Wasser gemischt hat. Zu diesem Zwecke wird aber das schwere Salzwasser am Boden in entgegengesetzter Richtung, also zur Flussmündung hinströmen, was selbst bei geringer Strömung die Bildung von Sandbänken an der Mündung sehr begünstigen muss.

In Binnenmeeren, deren Zufluss stärker ist, als die Verdunstung, wie z. B. im Schwarzen und Baltischen Meere, wird ebenso wie bei Flussmündungen in der aus diesem Meere herausführenden Meerenge, der obere Strom herausfliessen, während ein unterer Strom beständig salziges Wasser hereinführen muss. In Meeren aber, in denen die Verdunstung stärker ist, als der Zufluss, z. B. im Mittelländischen und Rothen Meere, muss der obere Strom durch die Meerenge hereinfliessen, der untere aber das überflüssige Salz hinaustragen. Ein höchst interessantes Beispiel dieser Art bietet uns der Busen von Karabughaz, der durch eine sehr flache, nur wenige Fuss tiefe Meerenge mit dem Kaspischen Meere verbunden ist. Da die Verdunstung von der bedeutend umfangreichen Fläche des zuflusslosen Busens, besonders im Sommer sehr gross ist, so fliesst aus dem Kaspischen Meere beständig Wasser zu, und zwar mit einer Geschwindigkeit, die bisweilen bis 6 Knoten steigen soll. Natürlich bringt diese Strömung viel Salz in den Busen, aus dem es nicht wieder heraus kann, weil die geringe Tiefe der Meerenge keinen unteren Abfluss gestattet. Das sich auf diese Weise anhäufende Salz setzt sich in Krystallen auf den Boden, und der Busen von Karabughaz spielt so die Rolle einer Salzpfanne, die dem Kaspischen Meere beständig Salz abzieht. Sollte mit der Zeit der von den Wellen angespülte Sand die seichte Strasse, welche den Busen mit dem Meere verbindet, ganz verstopfen (was wohl schon längst geschehen wäre, wenn die Strömung nicht so stark wäre), so wird Karabughaz als See bald ganz verdunsten und ein Bassin von solidem Salze zurück lassen, wie wir das beim Elton-See und in Iletzkaja Saschtschita als Gebilde der Urzeit vor uns sehen.

Wenn in irgend einem Theile des Oceans das Thierleben stärker entwickelt ist, als in anderen, so wird der von den Thieren dem Wasser im Uebermasse entzogene Salz- oder Kalkgehalt auch eine geringe Bewegung des Wassers verursachen. Obgleich man solche unbedeutende Bewegungen wohl kaum eine Strömung nennen könnte, so unterliegt es doch wohl keinem Zweifel, dass solche Bewegungen selbst in den tiefsten Meeren bis auf den Grund stattfinden müssen, weil sonst dort kein Leben möglich wäre. Unter den in der Tiefe lebenden Thieren giebt es nämlich Geschöpfe, die ihren Ort nicht verändern können, folglich muss ihnen die Nahrung durch Strömungen zugeführt werden.

Die Theorie der völligen Ruhe in den untersten Schichten des Meeres [1] ist also ebenso wie die Theorien von Ross und Forbes als falsch zu betrachten.

Wir haben somit alle Ursachen geprüft, welche auf das specifische Gewicht des Meerwassers und der Luft Einfluss haben, und sind zu dem Schlusse gekommen, dass die Temperatur-Differenz und der Salzgehalt des Meerwassers nur in einem geringen Grade die grossen Meeres-Strömungen und die Passatwinde unterstützen, sie aber unmöglich erzeugen können. Um die Entstehung der grossen Meeresströme und der Passatwinde zu erklären, müssen wir nach anderen Kräften suchen.

Die Temperatur-Differenz kann zwar in gewissen Fällen, wenn eine schon bestehende Strömung das erwärmte Wasser in grösserer Menge sammelt, diese Strömung beschleunigen, auch kann sie in der Luft, wenn sie über sehr bedeutenden Räumen wirkt, Wind erzeugen, aber im Allgemeinen sind es die sich rasch condensirenden Wasserdünste, welche durch Verminderung ihrer Spannung die Hauptrolle bei der Erzeugung des Windes spielen.

---

[1] Mühry sagt: „In der untersten Grundschicht des Oceans ist fast völlige Ruhe anzunehmen." (Lehre über die Meeres-Strömungen, p. 5).

B. Rotation der Erde um ihre Achse.

Bei der täglichen Bewegung der Erde um ihre Achse beschreibt jeder Punkt der Oberfläche einen Kreis. Alle diese einander parallel laufenden Kreise werden vom Aequator zum Pol hin kleiner. Da nun aber alle Punkte der Erdoberfläche ihren Kreislauf in einer und derselben Zeit von bald 24 Stunden beschreiben, so nimmt verständlicher Weise auch die Geschwindigkeit, mit der jeder Punkt sich bewegt, nach den Polen hin ab, und zwar im Verhältnisse der Cosinus der Breiten. Wie wir schon oben bei Besprechung der Theorie Hadley's für die Passatwinde erwähnten, wird in Folge des Gesetzes der Trägheit ein sich dem Aequator nähernder Körper, indem er während seiner Bewegung beständig auf Kreise grösserer Geschwindig-kommt, die Tendenz haben, seine Umdrehung langsamer zu vollziehen, und daher wird die Richtung der Bewegung dieses Körpers eine Ablenkung nach Westen hin erleiden. Umgekehrt wird ein vom Aequator sich entfernender Körper stets auf Parallelkreise mit abnehmender Bewegungs-Geschwindigkeit stossen, und daher eine nach Osten abweichende Richtung nehmen. Seit dem Anfange des 18. Jahrhunderts hat man die Richtigkeit dieses Gesetzes anerkannt und dasselbe zur Erklärung der Passat-Richtungen und vieler anderer Erscheinungen benutzt. Akademiker v. Baer z. B. schreibt es dieser durch Rotation der Erde entstehenden Ablenkung zu, dass alle in meridionaler Richtung laufenden Flüsse der nördlichen Hemisphäre ihre rechten Ufer auswaschen, wodurch diese Ufer die hohen, die linken aber die niedrigen sind. Die drehende Bewegung der Wirbelstürme oder das denselben sehr nahe stehende Buys-Ballot'sche Gesetz und die Abweichung der meridionalen Meeres-Strömungen werden alle durch die Rotation der Erde um ihre Achse erklärt.

Es ist durchaus nicht zu bezweifeln, dass jede selbstständige Bewegung auf der Erdoberfläche durch die Rotation der Erde eine gewisse Tendenz zur Abweichung ihrer Richtung erhalte: doch scheint uns, dass die Grösse dieser Abweichung nur zu oft bedeutend überschätzt wird. Gewöhnlich nimmt man an, dass Luft- und Wasser-Theilchen in Folge des Trägheits-Princips Stunden lang die Geschwindigkeit der Parallele beibehalten können, die sie schon längst verlassen haben. In der Wirklichkeit aber werden Reibung und Widerstand anderer Theilchen die Trägheit rascher überwinden und die in Bewegung befindlichen Luft- und Wasser-Theilchen zwingen, bald die neue Drehungs-Geschwindigkeit der Parallelkreise in sich aufzunehmen, welche sie betreten. Wenn man nun bedenkt, dass die Drehungs-Geschwindigkeit der nahe bei einander liegenden Parallelen sich nur sehr allmälig ändert, so muss bei einer langsamen Bewegung der Theilchen die geringste Reibung hinlänglich sein, um den zwischen zwei benachbarten Parallelen befindlichen Unterschied der Geschwindigkeit zu überwältigen. Das richtige Verhältniss zwischen Reibung und Tendenz, die frühere Drehungs-Geschwindigkeit zu behalten, ist sehr schwer genau zu bestimmen, aber trotzdem scheint es uns doch einleuchtend, dass die dadurch hervorgerufene Abweichung der Bewegungs-Richtung in einem kurzen Zeitraume immer nur eine sehr unbedeutende sein kann. Dieses werden auch die Vertheidiger der Hadley'schen Theorie zugeben, obgleich sie allgemein glauben, diese an und für sich geringe Abweichung der Richtung könne durch beständige Wiederholung der Wirkung sich anhäufen und so allmälig bedeutend werden. Sie glauben nämlich, dass eine aus Temperatur-Differenz entstandene, den Meridian entlang fliessende Luft- oder Meeres-Strömung, durch die Erdrotation etwas abgelenkt, in dieser neuen Richtung fortströmen würde, wenn sie nicht durch denselben Grund wiederum nach derselben Seite abgelenkt werden würde u. s. w. Mit anderen Worten, man glaubt allgemein, dass der Winkel, den eine Strömung mit dem Meridian bildet, mit der Dauer der Strömung beständig wachsen muss, und geht darin so weit, dass man nicht nur im SW.-Winde der mittleren Breiten unserer Hemisphäre, sondern sogar in dem NW. derselben einen durch die Erdrotation aus seiner Richtung gebrachten Antipolar-Strom sieht. Zu diesem offenbar falschen Schlusse kommt man aber in Folge der falschen Annahme, dass die einmal abgelenkte Strömung in dieser neuen Richtung fortfliessen würde. Man vergisst, dass die Rotation der Erde nur dann eine Abweichung der Richtung bewirken kann, wenn überhaupt eine Bewe-

gung vorhanden ist. Sollte die Bewegkraft aufhören zu wirken, so
würde auch die Strömung, durch Reibung und anderen Widerstand
überwältigt, bald aufhören. Sie kann also nicht in der abgelenkten
Richtung weiterfliessen, sondern wird immer wieder suchen, in der
Richtung der die Bewegung bewirkenden Kraft, also in der Richtung
des Meridianes, fortzuschreiten. Nun wirken aber laut der bestehenden Theorie sowohl auf die Passatwinde, als auf die meridionalen
Meeres-Strömungen beständig zwei Kräfte, von denen die eine, die
treibende Kraft, aus dem Unterschiede der Temperatur der Aequatorial-
und Polar-Gegenden entspringt und daher nur allein in der Richtung
des Meridianes wirkt. Die andere aber, die rotirende Kraft der Erde,
wirkt in Folge der Trägheit der Theilchen immer in der Richtung
des Parallelkreises, also rechtwinklig zur Bewegkraft. — Wenn nun
beide Kräfte beständig unverändert blieben, so würde auch die Richtung der Strömung immer unverändert dieselbe bleiben, d. h. der
Winkel, den die Strömung mit dem Meridian bildet, würde sich weder
vergrössern noch verringern. In unserem Falle ist die in der Richtung des Meridianes wirkende Triebkraft der Strömung als beständig
gleichmässig wirkend anzunehmen; das durch den Uebergang in andere Breitengrade hervorgerufene Zurückbleiben oder Vorrücken ist
aber in höheren Breiten beträchtlicher als in geringen, weil die Parallelkreise in geringen Breiten nur sehr allmälig, in hohen Breiten
aber rasch abnehmen. Daraus folgt also, dass die Abweichung von
der Richtung des Meridians mit der wachsenden Breite zunehmen
müsste, und auch umgekehrt. „Jede aus Temperatur-Differenz ent-
springende Luft- oder Meeres-Strömung müsste also, wenn sie dem
Aequator zufliesst, sich beständig der Richtung des Meridianes nähern;
eine sich vom Aequator entfernende Strömung müsste dagegen den
Winkel, den sie mit dem Meridian bildet, beständig etwas vergrössern.
Die nach der Theorie Hadley's dem Aequator zufliessenden Passatwinde müssten sich also beständig der Richtung des Meridianes nähern;
während dessen sehen wir, dass sie gerade im Gegentheil an ihrer
Polargrenze je nach der Hemisphäre aus NO. und SO. wehen und,
sich dem Aequator nähernd, immer mehr mit der Richtung der Parallelkreise übereinstimmen.

Die Meeres-Strömungen der südlichen Hemisphäre beweisen auch,
dass die Erdrotation nur wenig, wenn überhaupt, Einfluss auf die
Richtung der Strömungen hat. Die warmen Strömungen — der Bra-
silianische und der Mozambique-Strom — lehnen sich an die Ostküsten
der Continente und richten sich nach SW., anstatt eine Abweichung

nach O. zu erleiden. Die kalten Strömungen aber — die Peruanische, die Süd-Guinea- und die allgemeine Strömung des gesammten Antarktischen Oceans — richten sich übereinstimmend nach NO., statt nach SW. zu fliessen, wie es die Theorie der durch die Erdrotation entstandenen Richtungs-Ablenkung erfordert. — Wir sehen in diesem Umstande einen Beweis dafür, dass der Einfluss der Erdrotation auf die Richtung der Strömungen im Ganzen sehr gering ist, wenn auch die Richtung, welche die Strömungen der nördlichen Hemisphäre einhalten, dieser Theorie ganz zu entsprechen scheint. Der Golfstrom und der Kurosiwo fliessen nämlich nach NO., und die kalten Strömungen — des Japanischen Meeres und der Grönlandstrom — richten sich nach SW., so wie es die Erdrotation verlangt. Da nun aber die Strömungen der südlichen Hemisphäre trotz des grossen Spielraumes, der ihnen zu Gebote steht, sich von der Rotation der Erde gar nicht beeinflussen lassen, so müssen wir wohl einsehen, dass die Richtungen der Strömungen in der nördlichen Hemisphäre aus anderen Ursachen herzuleiten sind. Die Biegung, welche der Golfstrom bei Cap Hatteras wieder nach Norden macht, nachdem er sich schon bedeutend nach Osten geneigt hatte, scheint auch für unsere Ansicht zu sprechen. Wenn die Erdrotation die Richtung der Meeres-Strömungen nur unbedeutend ablenkt, so kann ihr Einfluss auf die Richtung der Flüsse auch nur sehr gering sein; aber selbst die allergeringste Reibung des das Ufer entlang fliessenden Wassers muss, wenn sie sich durch Tausende von Jahren beständig einseitig wiederholt, doch endlich das betreffende Ufer merklich unterwaschen, und daher könnte v. Baer's Ansicht, trotz der geringen Abweichung der Strömung, in dieser Hinsicht doch ihre Richtigkeit haben.

Ueber die Unmöglichkeit, dass die Drehung der Wirbelstürme durch die Wirkung der Erdrotation entstehen könne, werden wir später sprechen.

Ausser dieser bedeutend überschätzten Wirkung, welche die Rotation der Erde auf die Richtung einer aus anderen Gründen herzuleitenden, schon bestehenden Strömung haben soll, wollen Viele der Erdrotation noch die Kraft zuschreiben, selbstständig den Beweggrund einer Strömung bilden zu können. — Mühry sucht z. B. die Kraft, welche den Aequatorialstrom treibt, in der Centrifugal-Kraft der Erde. Diese Centrifugal-Kraft wirkt aber immer, wie bekannt, in der Richtung des Radius der verschiedenen Parallelkreise und kann daher unmöglich die Drehungs-Geschwindigkeit des Wassers und der Luft weder beschleunigen noch verringern. Offenbar schliesst sich Mühry

an die Kepler'sche Erklärung der Entstehung des Aequatorial-Stromes
durch Nachbleiben des Wassers bei der allgemeinen Bewegung der
Erde. Dieses Nachbleiben widerspricht aber ganz allen Gesetzen der
Mechanik und ist daher durchaus unzulässig. Das Wasser und die
Luft haften durch den Druck ihres Gewichtes am Erdballe und müssen durch Reibung im Laufe der Tausende von Jahren, während welcher die Erde sich um ihre Achse dreht, schon längst dieselbe Geschwindigkeit erlangt haben, da die einmal erworbene Geschwindigkeit
nicht verloren geht, so lange kein Widerstand zu finden ist. Die Beständigkeit der Erdrotation beweist aber genügend, dass im Weltall
kein solcher Widerstand vorhanden ist. Auch widersprechen die Erscheinungen sowohl der Luft-, als der Meeres-Strömungen ganz und
gar der Annahme, dass Wasser und Luft einer langsameren Rotation
unterworfen wären, als die Erde selbst.

Wenn diese Annahme richtig wäre, so müsste die weniger dichte
Atmosphäre der Wirkung des Zurückbleibens noch weit mehr ausgesetzt sein, als das Wasser, und wir müssten auf der ganzen Erdoberfläche beständig starke Ostwinde haben. Ausserdem müsste das
Nachbleiben, wenn auch vom Aequator nach den Polen zu abnehmend,
doch auf der ganzen Erdoberfläche verspürt werden. Indessen ist das
durchaus nicht der Fall. Auf dem Aequator selbst oder in dessen
Nähe ist weder in der Luft noch im Wasser irgend eine Strömung
zu bemerken, ja im Aequatorial-Gürtel finden wir das Meer sogar
etwas nach O. strömen; es ist also hier nicht nur kein Nachbleiben
zu spüren, sondern das Wasser bewegt sich rascher, als die Erde sich
dreht. In den Gürteln der Sargasso-Meere und in den Calmen der
Wendekreise ist wieder in beiden Hemisphären weder in der Luft,
noch im Wasser eine Verminderung der Rotations-Geschwindigkeit zu
merken. Weiter polwärts, hauptsächlich zwischen dem 40. und 50.
Breitengrade, bezeugen die beständigen Westwinde und nach Osten
gerichteten Strömungen, dass Wasser und Luft sich rascher nach Osten
bewegen, als die Erde sich dreht. In der Atmosphäre erklärt man
diese Strömung der mittleren Breiten durch den Antipassat, von dem
wir schon sprachen. Im Meere äussert sich diese Strömung wohl
ebenso, wie in der Atmosphäre, da aber die Erklärung der Antipassate
für's Wasser gar nicht passt, so erklärt Mühry diese Meeres-Strömung
durch die aspirirende Kraft des Aequatorial-Stromes. Weshalb diese
Kraft aber gar nicht auf die Gürtel der Sargasso-Meere wirkt, sondern
in weitem Bogen dieselben umgeht, bleibt unerklärt. So z. B. erstreckt
diese aspirirende Kraft im Süd-Atlantischen Ocean ihre Wirkung längs

der Küste bis zum Cap der Guten Hoffnung und von dort quer über den Ocean hinüber bis an die Gestade Amerika's. Wenn die aspirirende Kraft des Atlantischen Aequatorial-Stroms wirklich so gross wäre, dass ihr Einfluss sich nicht nur bis zum Cap der Guten Hoffnung, sondern von dort noch bis zur amerikanischen Küste fühlbar machen könnte, so müsste diese Kraft auch den Mozambique-Strom beim Cap der Guten Hoffnung fassen und ihn in den Atlantischen Ocean zur Ergänzung des Aequatorial-Stromes führen. Indessen macht, wie bekannt, der Mozambique-Strom beim Cap der Guten Hoffnung eine auffallend scharfe Biegung nach Osten und kehrt von dort auf weitem Umwege zur Compensation des im Süd-Indischen Ocean fliessenden Aequatorial-Stromes zurück, nachdem er zuerst die Westküste Australiens bespült hat. Sieht das nicht fast so aus, als hätte das Wasser genug Instinkt, um zu wissen, es müsse in den Indischen Ocean zurückkehren, weil es von dort gekommen und dorthin gehört? Das Ungenügende dieser Erklärung der Strömungen durch Aspiration stellt sich so deutlich dar, dass es wohl kaum nöthig ist, sich länger bei diesem Gegenstande aufzuhalten.

Die Erdrotation kann also keine Luft- oder Meeres-Strömungen erzeugen. Nur eine geringe Tendenz der freibeweglichen Luft- und Wasser-Theilchen, sich in der Richtung nach dem Aequator hin zu verschieben, kann durch die Erdrotation bewirkt werden. Diese Tendenz ist aber so schwach, dass dadurch unmöglich eine merkliche Strömung entstehen kann, daher haben wir diesen Punkt auch in der russischen Ausgabe dieser Arbeit gar nicht berührt, wollen aber doch hier die Wirkung der Centrifugal-Kraft näher betrachten.

Jede rotirende Bewegung, also auch die der Erde um ihre Achse, erzeugt eine Centrifugal-Kraft. Die Grösse dieser Kraft ist für jeden einzelnen Punkt der Erdoberfläche leicht zu bestimmen, indem man das Quadrat der Drehungs-Geschwindigkeit dieses Punktes durch den Radius des Parallelkreises desselben Punktes dividirt. Daraus folgt, dass die Centrifugal-Kraft der Erde auf dem Aequator am grössten ist (0,11124 Fuss in der Secunde) und von dort nach den Polen zu in dem Verhältnisse der Cosinus der Breiten abnimmt. Durch die Wirkung der Centrifugal-Kraft würde Alles von der Erdoberfläche abgeschleudert werden, wenn nicht die Gravitation der Erde grösser wäre, als die Centrifugal-Kraft. Denken wir uns nun, dass die Erdgravitation während einer Secunde aufhören würde zu wirken. Augenblicklich würde ein jedes nicht fest an der Erde haftende Theilchen sich von der Erdoberfläche entfernen und würde seine Bewegung in der Richtung der Tangente des entsprechenden Parallelkreises mit der früheren Rotations-Geschwindigkeit fortsetzen, und am Ende der Secunde würde die respective Entfernung dieses Theilchens von seinem ursprünglichen Ablösungspunkte, welcher während dessen die Drehung an der Erdoberfläche fortsetzte, als Ausdruck der Grösse der Centrifugal-Kraft des entsprechenden Parallelkreises dienen.

Angenommen also, ein in A (Fig. 1.) befindliches Theilchen unterliege nicht mehr der Erdgravitation, so würde es seine Bewegung in

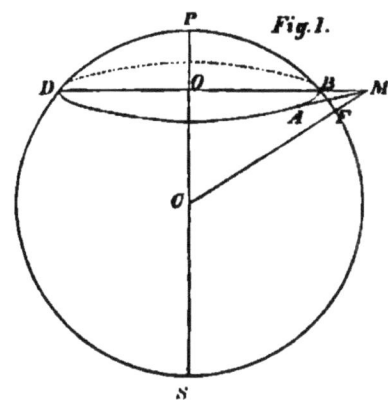

Fig. 1.

der Richtung der Tangente AM fortsetzen und nach Verlauf einer Secunde statt in B in M anlangen. A, der ursprüngliche Ablösungspunkt, würde also unterdessen bis B gelangt sein, und BM würde uns die dem Parallelkreise ABD entsprechende Centrifugal-Kraft bezeichnen. Nun hört aber in der Wirklichkeit die Gravitation niemals auf zu wirken, sondern richtet sich beständig nach dem Mittelpunkt der Erde hin, also unter einem gewissen Winkel zur Richtung der Centrifugal-Kraft BM. Ein frei verschiebbares Theilchen der Erdoberfläche würde also, unter der Wirkung dieser beiden Kräfte, nach Verlauf von einer Secunde nicht in M sein, sondern an der Oberfläche der Erde bis F rutschen, wenn wir Reibung und jeden anderen Widerstand beseitigten. Jedes frei bewegliche Theilchen des Wassers und der Luft muss also die Tendenz haben, sich von einem fest an der Erde haftenden Theilchen B zu entfernen und sich in der Richtung des Meridians dem Aequator zu nähern. Diese Tendenz drückt sich durch die Grösse BF aus, welche gleich ist $BM \cdot \sin BMF$, oder der Centrifugal-Kraft des Parallelkreises multiplicirt mit dem Sinus der Breite. Die Centrifugal-Kraft

$$BM = C \cdot \cos \varphi,$$

wo C die Centrifugal-Kraft des Aequators und φ die Breite des Parallelkreises ABD bezeichnet. Folglich ist $BF = C \cdot \cos \varphi \cdot \sin \varphi$ und erlangt also das Maximum seiner Grösse bei $\varphi = 45^0$ und beträgt alsdann $\sin^2 45^0 \times 0{,}11124$ Fuss, also $0{,}05563$ Fuss in der Secunde oder 4805,5 Fuss in 24 Stunden, was ungefähr $1\frac{1}{4}$ Werst oder fast den

5. Theil einer deutschen Meile ausmacht. Durch Reibung der Theilchen wird diese unbedeutende Tendenz nach dem Aequator zu noch verringert und kann also unmöglich als Bewegkraft einer Strömung in Betracht kommen. Doch mag diese unbedeutende Kraft wohl etwas dazu beitragen, dass die in allen Oceanen in mittleren Breiten von Westen nach Osten fliessende Strömung sich in ihrer Richtung allmälig etwas zum Aequator neigt.

Da die Centrifugal-Kraft der Erde in entgegengesetzter Richtung zur Erdgravitation wirkt, so verursacht sie auf der ganzen Erde, mit alleiniger Ausnahme der beiden Pole, eine mehr oder weniger merkliche Verminderung des Gewichts. Auf dem Aequator ist diese Verminderung am grössten und beträgt fast den 290. Theil des ganzen Gewichts. Nach den Polen zu nimmt die von der Schwere abzuziehende Grösse im Verhältnisse der Quadrate der Cosinus der Breiten ab. Da nun alle Körper, Luft und Wasser nicht ausgenommen, in der Nähe des Aequators etwas leichter sind als in höheren Breiten, so sollte man glauben, dass dieser Umstand im Ocean und in der Atmosphäre Strömungen erzeugen müsse, gleich denjenigen, welche das durch Erwärmung hervorgerufene Leichterwerden des Wassers und der Luft bewirkt. Diese Strömungen müssten sich also in den unteren Schichten nach dem Aequator hin, in den oberen aber vom Aequator nach den Polen hin richten. In der Wirklichkeit scheint dieses aber nicht der Fall zu sein, denn die Gradmessungen und Pendelbeobachtungen haben erwiesen, dass die Oberfläche der Meere die Form eines an den Polen leicht zusammengedrückten Ellipsoides hat, dessen langer in der Fläche des Aequators gemessenen Durchmesser ungefähr um den 295. Theil seiner Länge grösser ist, als der in der Richtung der Erdachse gemessene kürzere Durchmesser. Daraus sehen wir, dass das Niveau des Oceans auf dem Aequator fast um eben so viel erhoben ist, als das Gewicht dort durch die Wirkung der Centrifugal-Kraft verliert, und daher wahrscheinlich nichts oder nur ein kaum merklicher Theil des unter dem Aequator leichter gewordenen Wassers abfliessen kann.

Mit der Atmosphäre verhält es sich wohl ganz ebenso, doch ist es wahrscheinlich, dass die starke Elasticität der Luft bei verringertem Drucke durch Ausdehnung eine grössere Niveau-Erhebung der Atmosphäre (wenn man sich so ausdrücken kann) hervorrufen wird, als die Centrifugal-Kraft es erfordert. Wenn dieses der Fall ist, so muss freilich die oben sehr verdünnte Luft vom Aequator abfliessen und ein unterer Strom die abfliessende Luft ersetzen. Da nun die Masse der

zu- und abströmenden Luft dieselbe sein muss, so wird der untere
dichte Luftstrom bedeutend weniger merklich sein, als der obere stark
verdünnte. Die Centrifugal-Kraft mag also vereint mit der Temperatur-
Differenz die Strömungen der oberen Schichten der tropischen Atmosphäre erzeugen, und so auch einen gewissen Einfluss auf die Passatwinde ausüben, aber unmöglich genügende Kraft entwickeln, um diese
Winde entstehen zu lassen.

Wir beschliessen also die Betrachtung der durch die Erdrotation
hervorgerufenen Einflüsse auf Luft- und Meeres-Strömungen mit der
Ueberzeugung, dass die bis jetzt bestehenden Erklärungen für die dem
Aequator parallel laufenden Strömungen durchaus ungenügend sind,
indem die Rotation der Erde sowohl in der Luft, als im Wasser die
Richtung einer schon bestehenden Strömung nur unbedeutend ändern,
aber niemals selbstständig eine bedeutende Strömung hervorbringen kann.

C. Anziehung der Sonne und des Mondes.

Wie bekannt, ziehen sich alle Himmelskörper gegenseitig an, indem sie dabei eine Kraft entwickeln, die nach dem Gesetze des unsterblichen **Newton** in directer Proportion zur Masse und in umgekehrter Proportion zum Quadrat der Entfernung zwischen den beiden Körpern steht. Wenn wir also die Masse der Erde als Massen-Einheit und den Halbmesser der Erde als Entfernungs-Einheit annehmen wollen, so wird **Newton's** Gesetze gemäss die Kraft, mit welcher die Sonne den Mittelpunkt der Erde anzieht, sich durch $\dfrac{319500}{(23400)^2}$ äussern. Der Mond zieht den Mittelpunkt der Erde mit der Kraft $\dfrac{1}{80(60)^2}$ an[1]). Das Verhältniss dieser Grössen zeigt, dass die Sonne die Erde 168 Mal stärker anzieht, als der Mond. Auf dieselbe Weise wird das Verhältniss der Anziehungskraft der übrigen Himmelskörper mit Leichtigkeit gefunden. So z. B. ist die Kraft, mit welcher der Jupiter die Erde anzieht, wenn er derselben am nächsten steht, 25 Mal kleiner als die des Mondes, während der Einfluss der Venus in der grössten Nähe von der Erde 150 Mal geringer ist, als der des Mondes. Die Wirkung aller übrigen, von der Erde so ungemein weit entfernten Himmelskörper ist noch bedeutend geringer.

Da nun die Kraft, mit der ein gegebener Himmelskörper, z. B. die Sonne, die Erde anzieht, ganz von der Entfernung abhängt, in welcher die Erde sich von der Sonne befindet, so versteht es sich von selbst, dass die der Sonne näher gelegenen Theile der Erdoberfläche

---

[1]) Nach **Klein** „Das Sonnensystem" haben wir angenommen, dass die Masse der Sonne 319500 Mal grösser und die des Mondes 80 Mal kleiner ist, als die der Erde. Für die mittlere Entfernung haben wir angenommen, dass die Sonne von uns 390 Mal weiter entfernt sei, als der Mond, dessen mittlere Entfernung wir mit 60 Erdhalbmessern berechnen.

einer grösseren Anziehung ausgesetzt sein müssen, als die entfernteren. Dieser Umstand wird auf die festen Körper der Erdoberfläche keinen Einfluss ausüben können, aber das Gleichgewicht der leicht verschiebbaren Theilchen des Meeres und der Atmosphäre muss durchaus durch diesen Einfluss gestört werden, und zur Wiederherstellung des Gleichgewichtes müssen Strömungen entstehen. Um uns richtige Vorstellungen über diese Strömungen zu machen, ist es durchaus nöthig, die sie hervorrufenden Kräfte und deren Wirkung genauer zu prüfen. Vor allen Dingen müssen wir es uns klar machen, dass wir nicht die absolute Bewegung eines jeden Theilchens im Weltall, sondern nur die relative Bewegung dieser Theilchen im Bezug zur Erde, d. h. zum Centrum derselben betrachten wollen. Wir haben daher auch nichts mit der vollen Anziehung zu thun, die irgend ein Himmelskörper auf die Erde ausübt; nur der Unterschied zwischen den Kräften, mit welchen das Centrum der Erde und der zu betrachtende Punkt der Erdoberfläche angezogen werden, ist für unsere Betrachtung massgebend. So z. B. ist der Punkt der Erdoberfläche, der die Sonne oder den Mond im Zenith hat, diesem Himmelskörper um einen Erdradius näher, als der Mittelpunkt der Erde, und der Unterschied der Anziehung auf diese beiden Punkte wäre durch $\dfrac{319500}{(23399)^2} - \dfrac{319500}{(23400)^2}$ für die Sonne und durch $\dfrac{1}{80\,(59)^2} - \dfrac{1}{80\,(60)^2}$ für den Mond auszudrücken. Diese zweite Grösse ist ungefähr $2\frac{1}{2}$ Mal so bedeutend, als die erste, und wir schliessen daraus, dass, obgleich die Anziehung der Sonne 168 Mal grösser ist, als die des Mondes, dennoch die Differenz zwischen der Anziehung eines Punktes der Oberfläche und des Centrums der Erde durch den Mond grösser ist, als dieselbe durch die Sonne. Deshalb muss der durch Anziehung hervorgerufene Einfluss des Mondes auf Luft- und Meeres-Strömungen auch grösser sein, als der der Sonne.

Für alle übrigen Himmelskörper ist dieser Unterschied zwischen besagter Anziehung eines Punktes der Oberfläche und des Centrums der Erde so unbedeutend, dass wir sie gar nicht in Betracht zu ziehen brauchen.

Angenommen, der Kreis $ACED$ (umstehende Fig. 2) stelle den Erdball vor, L die Stelle des Mittelpunktes des Mondes oder der Sonne und k bezeichne den Unterschied zwischen der Anziehung eines Punktes der Oberfläche und des Centrums der Erde. Der Punkt A wird um die Grösse k_1 stärker angezogen, als das Centrum; da nun

3*

diese Anziehung in der der Sonne oder dem Monde zugewandten Erdhälfte in entgegengesetzter Richtung zur Erdanziehung wirkt, so wird
$g - k_1$ das Gewicht eines jeden Theilchens im Punkte A ausdrücken.

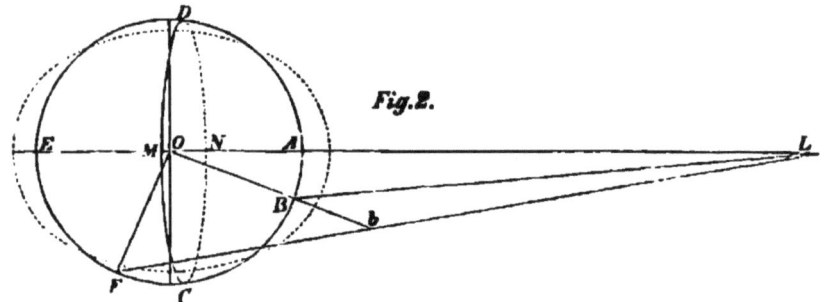

Fig.2.

Durch g bezeichnen wir nämlich die Erdgravitation. Im Punkte B
wird der Unterschied der Anziehung dieses Punktes und des Centrums
schon etwas unbedeutender sein. Nennen wir diesen Unterschied k_2,
so wird das Gewicht im Punkte B durch $g - k_2 \cdot \cos LBb$ auszudrücken sein, denn hier wirkt die Anziehung des Mondes unter dem
Winkel LBb zur Erdgravitation. Wir sehen also, dass das Gewicht
des Wassers und der Luft zunimmt, je mehr wir uns vom Punkte A
entfernen, d. h. je mehr wir uns von dem Punkte entfernen, der den
Mond oder die Sonne im Zenith hat. In den Punkten C und D,
welche von der Sonne und dem Monde eben so weit entfernt sind,
als der Mittelpunkt der Erde, ist $k = o$, also die volle Anziehung der
Erde g entspricht· auch dem Gewicht der Luft und des ·Wassers in
diesen Punkten. In der anderen dem Monde abgewandten Halbkugel
ist k eine negative Grösse, da das Centrum der Erde stärker angezogen wird, als jeder Punkt der Oberfläche dieser Halbkugel. k wirkt
aber mit der Gravitation in einer Richtung und muss also zur Gravitation zugezählt werden, um das Gewicht eines Theilchens in dieser
Halbkugel zu bestimmen. Am schwächsten wird der vom Monde am
meisten entfernte Punkt E angezogen, daher ist auch die in E zur
Gravitation zuzuzählende Grösse am geringsten und das Gewicht eines
Theilchens in E leichter, als in allen übrigen Punkten der dem Monde
abgewandten Halbkugel. Im Punkte F z. B. würde sich das Gewicht
eines Theilchens durch $g - k_3 \cos OFL$ ausdrücken lassen und beständig abnehmen, je mehr wir uns dem Punkte E oder dem Punkte
nähern, welcher die Sonne oder den Mond im Nadir hat, und wäre in
E durch $g - k_4$ auszudrücken. Hier ist k_4 nur wenig geringer als
k_1, wenn die Rede von der Sonne ist, aber der Unterschied ist be-

deutend, wenn die Anziehung des Mondes in Betracht gezogen wird. Die Differenz der Anziehung des Punktes, der den Mond im Zenith hat, und des Centrums der Erde ist fast 1½ Mal so gross, als die Differenz zwischen der Anziehung des Centrums und des Punktes, der den Mond im Nadir hat. Kurz in jeder Halbkugel, von denen die eine dem Monde oder der Sonne zugewandt, die andere aber von ihnen abgewandt ist, befindet sich das Minimum des Gewichtes in den Punkten der Oberfläche, welche diese Himmelskörper im Zenith oder Nadir haben, das Maximum des Gewichtes aber auf der Linie $DMCN$, welche die dem Himmelskörper zugewandte Erdhälfte von der abgewandten trennt.

Durch den Druck des grösseren Gewichtes muss nun ein Theil des Wassers und der Luft in die Gegend fliessen, wo Wasser und Luft leichter sind, und daher dort eine dem geringeren Gewichte correspondirende Hebung des Niveaus stattfinden, in der Gegend des grössten Gewichtes dagegen das Niveau sich senken. Dem zu Folge muss also sowohl das Meer, als auch die Atmosphäre sich bestreben, die Form eines Ellipsoides anzunehmen, dessen Spitzen sich auf der durch den Mittelpunkt der Erde und des Mondes gehenden Linie befinden. Durch die Wirkung der Sonne wird sich ebenso°wie durch die Mond-Attraction im Meere und in der Atmosphäre ein etwas weniger längliches Ellipsoid bilden, dessen Spitzen in einer durch den Mittelpunkt der Sonne und der Erde gehenden Linie liegen müssen. In der Wirklichkeit werden die Wirkungen dieser beiden Attractionen sich vereinen und nur ein Fluth-Ellipsoid bilden, das besonders gereckt ist, wenn die Wirkungen der Sonne und des Mondes zusammenfallen, d. h. zur Zeit des Voll- und Neumondes. Im Gegentheil wird die Hebung des Niveaus unbedeutender sein, wenn die grossen Achsen der beiden Ellipsoide senkrecht zu einander stehen, d. h. zur Zeit des ersten und letzten Mondviertels.

Alles dieses sehen wir in der Natur durch die Erscheinungen der Fluth und Ebbe bestätigt. Viele berühmte Mathematiker, unter denen Newton, Euler, Laplace und Airy den ersten Platz einnehmen, haben sich bemüht, durch sehr sinnreiche mathematische Rechnungen die Gesetze der Fluthen zu bestimmen; ihre Theorien stimmen jedoch nicht in allen Hinsichten vollkommen mit den Erscheinungen der Fluth-Phänomene überein. Wir finden z. B., dass an den Küsten der mitten im Ocean gelegenen Inseln die Fluth oft nur wenige Zoll steigt und selten mehr als 2 bis 3 Fuss beträgt, während man doch denken sollte, dass die Fluthwelle sich im offenen Oceane gerade recht entwickeln könnte. Ueberhaupt müsste, der Theorie nach, die Fluth in den Tropen-Gegenden die grösste Dimension annehmen; statt dessen finden wir aber, dass sie, mit sehr geringen Ausnahmen, gerade in den Tropen sehr mässig ist und lange nicht die Höhe erreicht wie im englischen Kanale oder an den Küsten der Fundybay in Nova-Scotia. Airy hat seine Fluth-Theorie auf die Wellentheorie gegründet und schreibt daher den Wassertheilchen nur eine vertikale schwankende Bewegung zu; indessen kann sich selbstverständlich der Meeresspiegel nur dann heben, wenn das zu dieser Hebung nothwendige, elastischer Ausdehnung unfähige Wasser herbeifliesst, und es ist daher bei den Fluth-Erscheinungen die Existenz einer horizontalen Bewegung des Wassers durchaus nicht ganz abzusprechen. Diese horizontale Bewegung des Wassers muss im Gegentheil sogar recht bedeutend sein, da sie im Laufe von wenigen Stunden im Stande ist, auf einer viele tausend Quadrat-Meilen einnehmenden Fläche eine nicht unbedeutende Hebung des Meeresspiegels zu verursachen.

Wenn die Erde still stände und dieselben Punkte beständig die Sonne oder den Mond im Zenith hätten, so würde die Meeresfläche wahrscheinlich die von der Theorie angegebene Lage des Fluth-Ellipsoides annehmen und beständig dieselbe Form behalten. Nun aber verändern durch die Rotation der Erde die Sonne und der Mond fortwährend ihre Stellung zur Erde, und eine sehr beträchtliche Menge Wasser und Luft muss daher beständig aus einem Theil des Oceans in den andern fliessen, um die auf sehr bedeutende Strecken sich ausdehnende Gleichgewichts-Störung zu compensiren.

Da nun die relative Ortsveränderung der Sonne und des Mondes eine sehr rasche ist, zur Bildung des Fluth-Ellipsoides aber durchaus eine gewisse Zeit nothwendig ist, so wäre es möglich, dass das Fluth-Ellipsoid nicht Zeit hätte, sich vollkommen zu gestalten; das Streben nach Bildung des Ellipsoides muss aber in Luft und Wasser Strömungen hervorrufen, welche beständig der Bewegung des Mondes und der Sonne folgen werden. Wenn wir diese Annahme gelten lassen, so erklärt sie uns auch, weshalb im offenen Oceane, wo diese Strömung ungestört vor sich geht, gar keine oder eine sehr unbedeutende Fluth bemerkt wird, denn nur dort, wo ungenügende Tiefe oder Küstenbildung die der Sonne und dem Monde folgende Strömung aufhält, muss das Wasser sich mehr oder weniger stauen und darauf, dem Gesetze der Wellen-Theorie gemäss, in schwingender Bewegung die Anschwellung weiter schieben und auf diese Weise die Fluth in so

hohe Breiten bringen, wo sie nach der Theorie der Mondanziehung
nie hinkommen sollte. In dieser unserer Anschauung der Fluthen bestärkt uns der Umstand, dass die Fluthwelle in der Atmosphäre noch nicht bemerkt
worden ist, obgleich sie daselbst der Theorie nach noch bedeutender
als im Meere sich äussern müsste. Die Frage der atmosphärischen
Fluthwelle hat viele Gelehrte beschäftigt. Laplace sprach sich nach
einer langen Reihe von Beobachtungen entschieden dafür aus, dass es
keine atmosphärische Fluth gebe. In neuerer Zeit haben Bouvard,
Eisenlohr und Sabine geglaubt, eine sehr kleine Fluth bemerkt zu
haben, die sich nur in Hunderttheilchen einer Linie an der Barometer-
scala ausdrückt.

Beiläufig müssen wir bemerken, dass auch das Quecksilber des
Barometers, ebenso wie alle anderen Körper der Erdoberfläche, durch
die Anziehung des Mondes und der Sonne einen Theil seines Gewichtes verliert, dass also das Barometer die Veränderung des atmosphärischen Druckes, welchen die Anziehung des Mondes erzeugt, gar
nicht angeben kann, so lange die über dem Barometer stehende Luftmasse dieselbe bleibt; jede Zuströmung muss jedoch den Stand des
Barometers ändern. Ganz ebenso verhält es sich mit der Verminderung des Gewichtes, welche die Centrifugal-Kraft bewirkt. Ein Aneroid
ist an und für sich diesen Einflüssen nicht ausgesetzt und giebt daher
immer den absoluten Druck der Atmosphäre an. Im Princip ist das
Aneroid also dem Barometer vorzuziehen, in der Praxis aber erfordert
es noch bedeutende Verbesserungen, indem dadurch Fehler entstehen,
dass das Metall nicht vollkommen elastisch ist. Wünschenswerth wäre
jedoch, dass die Beobachtungen beider Instrumente, besonders in den
Tropen-Gegenden, öfter verglichen würden.

Nachdem gegenwärtig vorliegende Abhandlung in russischer Sprache
bereits erschienen war, kam uns Dr. Schmick's höchst interessante
und belebrende Betrachtung der „Fluth-Phänomene" zu Gesicht. Diese
Schrift, welche bei ihrem grossen Verdienste manches Licht auf die
Erkenntniss der Fluth-Phänomene geworfen zu haben, doch auch
manche Ansichten verficht, denen wir durchaus nicht beistimmen können, verdiente wohl eine nähere Betrachtung, die jedoch hier nicht
am Platze wäre. Dennoch können wir es nicht unterlassen, einige
Worte über Dr. Schmick's Ansicht von der Verschiebung des Schwerpunktes der Erde zu sagen. Da die Hebung der Fluthwelle in der
dem Monde oder der Sonne zugewandten Erd-Halbkugel grösser ist,

als in der entgegengesetzten, so glaubt Dr. Schmick, dass der Schwerpunkt der Erde etwas nach der Seite der grösseren Wasseransammlung verschoben wird, und dass die Erde ihren ursprünglichen, von aussen her verschobenen Schwerpunkt aus eigener Kraft nicht wieder herstellen könne. Eine auf diese Weise sich beständig wiederholende Verschiebung des Schwerpunktes nach der südlichen Hemisphäre zu verursacht, nach Schmick, dort eine Anhäufung des Meerwassers. Die Ansicht, dass der durch äussere Kraft verschobene Schwerpunkt nicht aus eigenem Antriebe wieder seine frühere Lage einnehmen könne, ist vollkommen richtig; nur scheint Dr. Schmick vergessen zu haben, dass das Wasser sich in der dem Monde zugewandten Halbkugel mehr hebt, als in der entgegengesetzten, weil das Wasser durch die grössere Anziehung des Mondes in jener Halbkugel leichter ist, als in dieser, und eine grössere Ansammlung des leichteren Wassers nothwendig ist, um das Gleichgewicht herzustellen, ohne den Schwerpunkt zu verrücken. Wenn also der ganze Erdball aus einer Flüssigkeit bestände und keine Rotation hätte, so würde er durch die Anziehung des Mondes die Form eines Ellipsoides annehmen, dessen nach dem Monde gerichtete Spitze etwas höher wäre, als die ihm abgewandte, aber der Schwerpunkt der ganzen Masse würde ruhig auf dem alten Platze bleiben, weil, wie schon gesagt, das Wasser sich an jedem Punkte genau um so viel heben muss, als es von seinem Gewichte verloren hat. — Da nun aber der ganze Erdball zum grössten Theil aus einer festen Masse besteht, die ihre Form nicht verändern kann; die der Sonne und dem Monde zugewandte Erdhälfte aber mehr von ihrem Gewichte verliert, als die abgewandte, so muss der Schwerpunkt der Erde nicht, wie Schmick glaubt, sich in der Richtung zur Sonne oder dem Monde hin verschieben, sondern im Gegentheile sich etwas von diesen Himmelskörpern entfernen. Natürlich kann diese Verschiebung des Schwerpunktes, selbst bei der grössten Nähe des Mondes von der Erde nur sehr unbedeutend sein, doch mag dieser Umstand zeitweilige Schwankungen des atmosphärischen Druckes etwas begünstigen. Beim Monde, welcher der Erde beständig eine Seite zeigt, muss also durch die Anziehung der Erde der Schwerpunkt beständig auf der uns abgewandten Seite liegen.

Wenn die Fluthwelle ihre grösste Höhe nicht zu der vom Monde erforderten Zeit erlangt oder durch Nebenumstände eine weit grössere Höhe erreicht, als die Anziehung des Mondes erheischt, wie z. B. in der Fundybay, dem englischen Kanale und an vielen anderen Orten, so wird freilich der Schwerpunkt der Erde sich zeitweilig unbedeutend nach der Richtung der Wassererhöhung hinschieben, aber Schmick's Ansicht[1]), dass das Wasser, sobald die anhäufende Kraft aufhört, sich dem neuen Schwerpunkte gemäss an der Oberfläche ausbreiten müsse, kann auch nicht als richtig angesehen werden, da einer jeden unmässigen Anhäufung des Wassers eine eben so grosse Senkung des Niveaus folgt. Der Schwerpunkt der Erde muss diesen Schwankungen des Wassers folgen und wird daher, wenn das Wasser allmälig zur Ruhe kommt, auch wahrscheinlich in seine alte Lage zurückgekehrt sein.

Da wir hier von der Wellenbewegung sprechen, so wird es am Platze sein, hier noch eines Umstandes zu erwähnen, der für unsere Abhandlung später wichtig sein wird.

Die Wellen-Theorie, welche allgemein allen Fluth-Phänomenen zu Grunde gelegt wird, hat nämlich zwei Ansichten hervorgerufen, die beide zu gleicher Zeit unmöglich richtig sein können. Erstens wird allgemein angenommen, dass die Fluth eben so viel über das gewöhnliche Meeres-Niveau steigt, als die Ebbe unter dieses Niveau sinkt. Zweitens nimmt man an, dass die mittlere Zeit zwischen höchstem und niedrigstem Wasserstande dem normalen Niveau correspondire. Den höchsten Wasserstand bilden die beiden Spitzen A und E (Fig. 3)

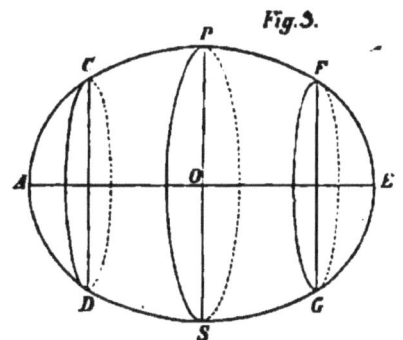

Fig. 3.

des Fluth - Ellipsoides APES, den niedrigsten aber der Kreis PS, welcher die Oberfläche des Ellipsoides auf seiner kurzen Achse halbirt. Das normale Niveau wird sich also der allgemeinen Annahme zufolge auf den Kreisen DC und FG befinden, welche dem Kreise PS parallel laufen und um 45° des Bogens sowohl von den Punkten A und E, als von dem Kreise

PS entfernt sind, so dass $PF = FE$ und $PC = AC$, d. h. dass ungefähr 3 Stunden nach der Fluth das normale Niveau und noch 3 Stunden später die Ebbe eintritt. Bei dieser Annahme ist aber der von der Fluth eingenommene Flächenraum der Oberflächen ACD und EFG zusammengenommen mehr als 2½ Mal so klein, als der Flächenraum des mittleren Gürtels CFGD, in welchem das Wasser unter dem gewöhnlichen Niveau steht. Da nun aber die Wassermasse, welche die Anhäufung der Fluth bildet, nur vom Ebbegürtel herstam-

[1]) Fluth-Phänomen, p. 128.

men kann, so ist es klar, dass bei dieser Annahme dieselbe Wassermasse auf dem kleineren Raume sich bedeutend mehr heben muss,
als der Wasserspiegel im Ebbegürtel sinkt. — Wollen wir andererseits
bei der Annahme bleiben, dass das Wasser ebenso hoch über das
normale Niveau steigt, als unter dieses Niveau sinkt, so muss auch
der von den beiden Fluthen eingenommene Flächenraum ebenso gross
sein, wie der Flächenraum des mittleren Ebbegürtels, und die beiden
Kreise, auf denen sich das normale Meeres-Niveau befindet, müssten
vom mittleren Kreise PS nur auf 30^0, von den Spitzen A und E des
Ellipsoides aber auf 60^0 des Bogens entfernt sein. Die Fluth würde
also 8 Stunden dauern, die Ebbe aber nur 4. Oder das Wasser müsste
in den letzten 2 Stunden seines Sinkens ebenso viel fallen, wie in den
ersten 4 nach hohem Wasserstande, und gleichfalls in den ersten 2
Stunden nach dem niedrigsten Stande ebenso viel steigen, als in den
übrigen 4 Stunden. Wahrscheinlich befindet sich die Wirklichkeit
zwischen den beiden Annahmen, d. h. wahrscheinlich ist einerseits das
Steigen des Wassers während der Fluth bedeutender, als das Sinken
desselben während der Ebbe, und andererseits sind die Kreise des normalen Wasserstandes von den Spitzen des Fluth-Ellipsoides wahrscheinlich mehr als 45^0 und weniger als 60^0 des Bogens entfernt. [1])
    Da an den Küsten immer bemerkt wird, dass die von Fluth und
Ebbe erzeugten Strömungen abwechselnd in ganz entgegengesetzter
Richtung fliessen, so glaubt man allgemein, die Anziehung des Mondes
und der Sonne könne keinen Einfluss auf die beständigen Strömungen
ausüben. Mühry sagt z. B.: „Es ist wohl kaum nöthig zu erinnern,
dass die Fluthbewegung, welche täglich ihre zwei Meridian-Wellen
um die Erdkugel führt, etwas ganz verschiedenes ist von der Rotations-
Strömung; jene erstreckt sich über alle Breiten und veranlasst überhaupt keine Fortbewegung der Wassermasse, sondern nur Wellen, d. i.
Schwingungen . . . . . Solcher Annahme widersprechen auch in ganz
besonders entschiedener Weise die zu beiden Seiten des Aequator- oder
Rotations-Stromes in weitem Halbkreise nach Osten hin, also gegen
die Fluthwelle, zurückfliessenden Rückströme, die Compensations-Arme
der Rotations-Strömung, welche zugleich einen weiten Centralraum
umschliessen mit ruhigem Wasser und mit schwimmendem Seetang er-
füllt, die Sargasso-Wiesen. Wie kann die Fluthwelle solche Erschei-

---

[1]) Es scheint also, dass der Nullpunkt der Meeres-Pegel bisher nicht
seinen richtigen Standpunkt einnimmt. Dieses muss zu falschen Nivellements-
Resultaten führen, wenn die Meereshöhe zweier benachbarten Meere von verschiedener Fluthhöhe verglichen werden soll (z. B. Panama).

nungen hervorrufen? Wir meinen also, wenn kein Mond vorhanden wäre, würde auf der um ihre Achse sich wälzenden Erde die Aequator-Strömung dennoch bestehen; aber diese würde nicht bestehen, wenn die Erdkugel nicht um ihre Achse sich drehte, möchte der Mond sie immerhin täglich umkreisen." [1])

Diese Meinung Mühry's können wir unmöglich theilen. Wir wollen übrigens die Sache selbst für sich sprechen lassen, indem wir die Wirkung der Sonnen- und Mond-Anziehung einer näheren Betrachtung unterwerfen.

Angenommen der Kreis $ACED$ (Fig. 4) sei der Erdäquator und L der Mittelpunkt des Mondes, den wir uns in der Fläche des Aequators denken wollen. Wenn nun die Erde keine Rotation hätte, so müsste die Oberfläche des Meeres die Form der punktirten Linie $aced$ annehmen. Um dieses Ellipsoid zu bilden, müssten sich von allen Seiten Strömungen nach den Spitzen a und e zu richten, welche so lange dauern würden, bis das Ellipsoid die gehörige Länge erreicht hat. Da sich nun aber die Erde beständig dreht, so wird der Mond relativ zur Erde schon einen andern Punkt eingenommen haben, ehe das Wasser und die Atmosphäre Zeit gehabt haben, das Ellipsoid $aced$ gehörig zu bilden. Natürlich werden die nach den Spitzen a und e gerichteter Strömungen ihre Richtungen sogleich nach dem neuen Anziehungspunkt richten, und da dieser schon wieder seinen Punkt verändert, eine Strömung in Luft und Wasser entsteben, welche sich bestreben muss, den Bewegung des Mondes zu folgen und die Spitzen des Ellipsoides beständig von Osten nach Westen zu verschieben. Andererseits sind

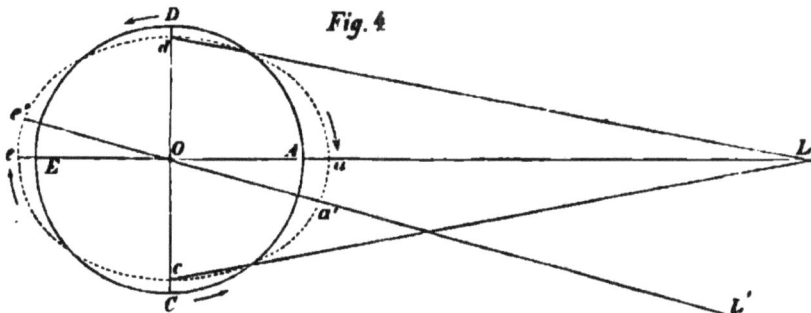

Fig. 4

durch die Verschiebung des Mondes aus L nach L' alle Punkte des Bogens eca' dem Monde etwas näher gerückt, und es hat also die Anziehung des Mondes auf alle diese Punkte etwas zugenommen. Alle Punkte des Bogens $e'da$ haben sich aber von dem Monde etwas ent-

---

[1]) Mühry: Ueber die Lehre von den Meeres-Strömungen, p. 9.

fernt und werden daher immer weniger angezogen. Wollen wir uns die Anziehung des Mondes durch zwei an dem Kreise befestigte Fäden *Lc* und *Ld* vorstellen. Den Faden *Lc* wollen wir allmälig mehr und mehr anziehen, um dadurch die beständig wachsende Anziehung des Punktes *c* darzustellen. Mit dem Faden *Ld* wollen wir aber beständig nachgeben, um dadurch die Abnahme der Anziehung des Punktes *d* nachzuahmen. Natürlich werden durch grössere Spannung des Fadens *Lc* und beständiges Nachgeben des Fadens *Ld* die Punkte *c* und *d* eine Bewegung in der Richtung der Pfeilchen *C* und *D* von Westen nach Osten erhalten. Diese Bewegung wird um so rascher sein, je grösser der Kreis ist, zu dem die Punkte gehören, weil bei grösseren Kreisen die Veränderung der Entfernung vom Monde, folglich auch die Veränderung der Anziehung des Mondes, für jeden Punkt bedeutender ist, als bei kleineren Kreisen.

Alles, was wir eben vom Monde gesagt haben, gilt auch für die Sonne, mit dem einzigen Unterschiede, dass die durch ihre Anziehung erzeugten Bewegungen der Luft und des Wassers etwas geringer sein werden, als die vom Monde erzeugten.

Aus dem eben Gesagten sehen wir also, dass die Anziehungen der Sonne und des Mondes je zwei einander entgegenwirkende Kraft-Aeusserungen darstellen müssen. Die eine, welche eine Strömung von Osten nach Westen hervorruft und der Fluth entspricht, wollen wir hinfort die Kraft der Fluth-Strömung nennen, die andere aber, welche der Ebbe entspricht und Luft und Wasser von Westen nach Osten treibt, wollen wir die Kraft der Ebbe-Strömung nennen.

Wenn diese beiden Kräfte gleich stark sind, so werden sie sich gegenseitig ausgleichen und keine Strömung erzeugen, sobald jedoch die eine von beiden grösser ist, so werden Wasser und Luft der Wirkung dieser grösseren Kraft unterliegen und sich mit der dem Unterschiede dieser beiden Kräfte entsprechenden Geschwindigkeit fortbewegen.

Bevor wir aber die Grösse dieser beiden Kräfte mit einander vergleichen, wird es nöthig sein, das Gesagte ferner zu erläutern, indem wir die Erde in der Fläche des Meridians darstellen.

Der Kreis *PASE* (Fig. 5) sei ein Erd-Meridian und *L* der Mittelpunkt des Mondes (resp. der Sonne), der sich, gleich wie vorhin, auf dem Aequator befindet. Die punktirte Linie *pase* bezeichnet die Form des Fluth-Ellipsoides. Durch die Rotation der Erde bewegt sich der Mond scheinbar von Osten nach Westen, mit ihm dreht sich auch das Fluth-Ellipsoid *pase* um die Achse *PS* und entwickelt, wie wir schon gesehen, auf dem Aequator zwei einander entgegengesetzte Kräfte.

Die eine, die die Fluth-Strömung bewirkende Kraft, richtet sich von Osten nach Westen und ist, im hier gegebenen Falle, am stärksten

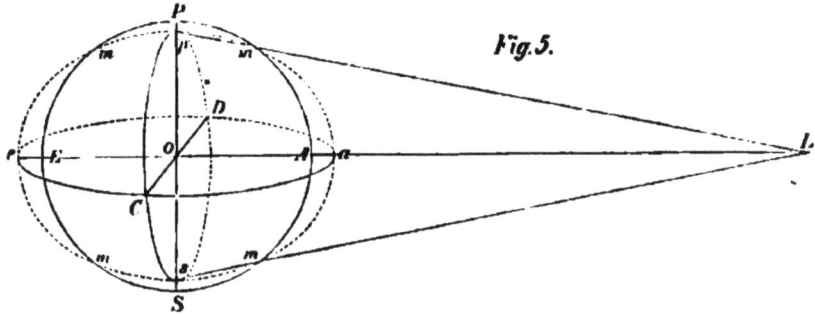

Fig. 5.

auf dem Aequator, auf welchem sich die Spitzen des Ellipsoides fortbewegen, so lange der Mond sich auf dem Aequator befindet. Zu beiden Seiten des Aequators wird diese Kraft fast in selber Richtung wirken, nur muss sie mit wachsender Breite rasch abnehmen und in der Breite der Punkte *m*, in welchen kein Steigen des Wassers mehr stattfindet, muss die von Osten nach Westen wirkende Kraft Null sein. Weiter polwärts mag das Bestreben, das Fluth-Ellipsoid zu bilden, vielleicht noch eine unbedeutende Strömung vom Pol zum Aequator hin entwickeln, wie es die Linien *pL* und *sL* zeigen.

Die Kraft der Ebbe-Strömung wirkt von Westen nach Osten, als wenn der Kreis *pCsD* sich in dieser Richtung um die Achse *PS* drehen würde. Wie schon gesagt, entsteht sie dadurch, dass alle Punkte der einen Erdhälfte sich durch die Rotation dem Monde nähern, während alle Punkte der andern Erdhälfte sich vom Monde entfernen. Am grössten ist die Kraft der Ebbe-Strömung auf dem Aequator und nimmt nur sehr allmälig zu beiden Seiten desselben ab, da die Parallelkreise in geringen Breiten sich nur allmälig verringern. Erst in hohen Breiten, wo die Parallelkreise sehr rasch kleiner werden, nimmt auch die Kraft der Ebbe-Strömung rasch ab und hört erst an den Polen ganz auf.

Da, wie wir nachgewiesen haben, die Fluth sich mehr über das normale Niveau des Meeres hebt, als die Ebbe unter dieses Niveau sinkt, so glauben wir als Hypothese annehmen zu können, dass auch die Kraft der Fluth-Strömung grösser sein wird, als die der Ebbe-Strömung.

In unserem Falle, wenn die Spitzen des Fluth-Ellipsoides auf dem Aequator sind, beide Kreise also ihr Maximum auf diesem Kreise ent-

wickeln, muss die grössere Kraft die kleinere überwältigen, und sowohl
in der Luft als auch im Meere auf dem ganzen Aequator eine Strömung von Osten nach Westen herrschen. Zu beiden Seiten des
Aequators nimmt die Kraft der von Osten nach Westen wirkenden
Fluth-Strömung polwärts rasch ab, die ihr entgegenwirkende Kraft
der Ebbe-Strömung nimmt aber polwärts langsamer ab. Er wird also
dadurch in einer gewissen Entfernung vom Aequator die grössere aber
rasch abnehmende, von Osten nach Westen gerichtete Kraft eben so
gross sein, als die kleinere, sich nur langsam verringernde, von Westen
nach Osten gerichtete Kraft. Auf diesen Parallelen werden die sich
gegenseitig ausgleichenden Kräfte gar keine Strömungen erzeugen.
Noch weiter polwärts wird die immer mehr abnehmende Kraft der Fluth-
Strömung geringer sein, als die der Ebbe-Strömung, und es werden
sich sowohl im Meere als in der Atmosphäre Strömungen von Westen
nach Osten zeigen. In der Breite der Punkte *m* hört die von Osten
nach Westen gerichtete Kraft ganz auf, die ihr entgegengesetzte Kraft
aber hat in dieser Breite erst einen geringen Theil — weniger als die
Hälfte — ihrer Wirkung verloren, und wird daher in diesen Breiten
eine bedeutende Strömung erzeugen können. In höheren Breiten wird
auch die Kraft der Ebbe-Strömung rasch abnehmen, und die Strömungen von Westen werden bedeutend geringer werden, und ihre
Richtung wahrscheinlich etwas mehr mehr zum Aequator zuwenden.
In der nördlichen Hemisphäre werden demnach in hohen Breiten
schwache Strömungen von NW. und in der südlichen von SW. entstehen.

Wenn also Mond und Sonne gleichzeitig in der Nähe des Aequators sind, so muss auf dem Aequator in der Luft und dem Meere die
Strömung von Osten nach Westen fliessen. Zu beiden Seiten des
Aequators wird diese Strömung polwärts abnehmen, bis sie ganz aufhört, und es müssen also stromlose, dem Aequator parallel laufende
Gürtel entstehen. Weiter polwärts wird eine von Westen nach Osten
gerichtete Strömung herrschen, die zuerst allmälig zunehmen muss;
bis sie ihr Maximum erreicht, dann wird auch diese Strömung allmälig
wieder abnehmen und in hohen Breiten in der nördlichen Hemisphäre
aus NW. und in der südlichen aus SW. fliessen.

In der That genau so finden wir die Strömungen beschaffen. In
den mittleren Breiten herrschen beständige Westwinde und nach Osten
gerichtete Meeres-Strömungen. In der Breite von ungefähr 30° befinden sich in beiden Hemisphären stromlose Gürtel, und in den
Tropen-Gegenden finden wir beständig von Osten nach Westen flies-

sende Luft- und Meeres-Strömungen. Eine scheinbare Ausnahme ist, dass wir auf dem Aequator einen Gürtel antreffen, in dem weder in der Atmosphäre, noch im Ocean eine Strömung bemerkt wird.

Dieser Umstand scheint auf den ersten Blick der Theorie der Mond-Anziehung zu widersprechen, doch erklärt sich auch die Entstehung dieses äquatorialen, stromlosen Gürtels leicht, wenn wir bedenken, dass der Mond und die Sonne nur zwei Mal jährlich ganz kurze Zeit sich gleichzeitig in der Nähe des Aequators befinden. Gewöhnlich beschreiben diese beiden Himmelskörper Parallelkreise, welche zwischen dem Aequator und den Wendekreisen liegen; nur der Mond überschreitet die letztgenannten Kreise bisweilen unbedeutend. Das aus vereinter Anziehung des Mondes und der Sonne entstehende Fluth-Ellipsoid muss seine Spitzen immer zwischen Sonne und Mond haben, und diese Spitzen werden daher meist Parallele zwischen dem Aequator und den Wendekreisen beschreiben müssen.

Angenommen, das Fluth-Ellipsoid befinde sich in der Lage $a\,e\,ep$ (Fig. 6), in welcher die grosse Achse des Ellipsoides $a\,e$ mit der Fläche des Aequators $A\,C\,E\,D$ einen gewissen Winkel bildet. Durch die Rotation der Erde um die Erdachse PS werden die Spitzen des Ellipsoides a und e die Parallelkreise aa' und ee' beschreiben, das Maximum der

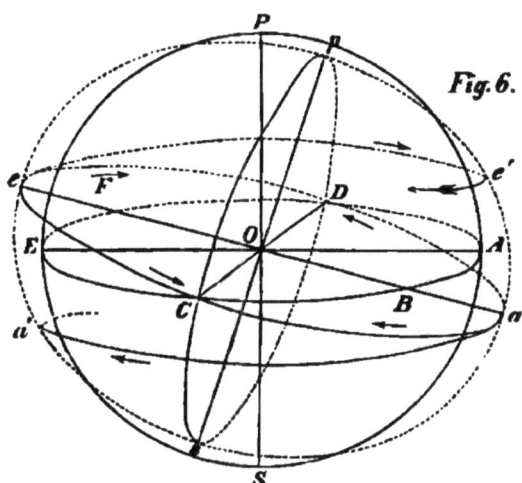

Fig. 6.

Fluth-Strömung also auch auf diesen Parallelkreisen bemerkt werden. Die Strömung wird auch nicht rein die Richtung von Osten nach Westen behalten, sondern, wie die Pfeilchen B und F zeigen, in der südlichen Halbkugel ungefähr aus $OSO.$ und in der nördlichen aus $ONO.$ herkommen.

Zu beiden Seiten der Parallelkreise aa' uud ee' wird die Kraft der Fluth-Strömung, wie schon oben gesagt, rasch abnehmen. Die Ebbe-Strömung behält aber das Maximum ihrer Kraft, wie früher auf dem grössten Kreise, also auf dem Aequator, und nimmt auch bei dieser Lage des Fluth-Ellipsoides nur langsam polwärts ab, und wird also auf dem Parallelkreisen $a'a$ und $e'e$, auf welchen sich das Maximum der Fluth-Strömung befindet, schon etwas geringer sein. Die Richtung dieser Strömung wird auch nicht rein von Westen nach Osten sein, sondern, wie die Pfeichen C und D zeigen, zwischen WNW. und WSW. wechseln. — Die gegen einander wirkenden Kräfte der Ebbe- und Fluth-Strömungen müssen sich also zu beiden Seiten der Parallelkreise aa' und ee' ausgleichen und stromlose Gürtel bilden.

Dieses scheint in der Nähe des Aequators und in der Nähe der Parallele des 30. Breitengrades einzutreten, indem sich dort die Gürtel der Calmen und der Sargasso-Meere befinden. — In den Breiten der Parallelkreise aa' und ee' muss sich das Maximum der von Osten nach Westen gerichteten Fluth-Strömung befinden, was vollkommen den Erscheinungen der Passatwinde und der Aequatorial-Strömungen entspricht. Polwärts von den in der Nähe des 30. Breitengrades befindlichen stromlosen Gürteln muss die rasch abnehmende Kraft der Fluth-Strömung von der der Ebbe-Strömung überwältigt werden und eine beständige Strömung von Westen nach Osten erzeugen, was auch in der That eintrifft, indem ungefähr zwischen dem 40. und 50. Breitengrade, sowohl in der Luft als auch im Wasser, in allen Oceanen und in beiden Hemisphären beständig eine nach Osten gerichtete Strömung bemerkt wird.

Die Wirkung der Sonnen- und Mond-Anziehung erklärt daher, wie es uns scheint, die Entstehung der Passate und Anti-Passate mit ihren Calmen-Gürteln, und die dem Aequator parallel laufenden Rotations-Strömungen mit den Sargasso-Meeren und dem stromlosen Aequatorial-Gürtel bedeutend besser, als alle bis jetzt bestehenden Hypothesen.

Wenn unsere Erklärung der Passatwinde und Aequatorial-Strömungen richtig ist, so müssen auch die Lage und die Breite der Strömungs-Gürtel und die Stärke der Strömungen selbst ganz von der Lage des Fluth-Ellipsoides oder von der gegenseitigen Lage des Mondes und der Sonne zu einander und relativ der Erde abhängen. Wenn z. B. Mond und Sonne beide dem Aequator sehr genähert sind, muss der äquatoriale Calmen-Gürtel nicht existiren; die Calmen der Wendekreise müssen sich dem Aequator nähern, und die beständigen Westwinde mit grösserer Gewalt in geringeren Breiten wehen. Ob dieses alles eintrifft, ist uns unbekannt, doch wüthen gewöhnlich in Europa zur Zeit der Tag- und Nacht-Gleichen starke Westwinde. Ebenso kommt es wohl bisweilen vor, dass Schiffe den Aequator kreuzen, ohne Calmen zu haben, aber ob das vorzüglich mit der Zeit übereinstimmt, wenn der Mond den Aequator kreuzt, wissen wir nicht. Wenn Mond und Sonne gleichzeitig in der Nähe der Wendekreise sind, so müssen die Strömungs-Gürtel mehr polwärts verrückt werden, und der äquatoriale Calmen-Gürtel besonders breit sein. Möglich, dass die Ebbe-Strömung dann in der Mitte des Gürtels überhand nehmen kann, und dass dieser Umstand die von Westen nach Osten gerichtete Strömung erklärt, welche in einem schmalen Streifen längs des Aequators fliesst und auf Berghaus' *Chart of the World* „Equatorial-Countercurrent" genannt ist. In der Luft existirt diese Strömung nicht. Es müsste also ermittelt werden, ob diese äquatoriale Gegenströmung eine beständige ist, oder vielleicht nur zu der Zeit bemerkt wird, wenn der Mond sich den Wendekreisen nähert, und ob sie nicht etwa ausbleibt, wenn Sonne und Mond sich gleichzeitig in der Nähe des Aequators befinden.

Die Verschiebung der Passatgürtel scheint im Ganzen bedeutender, als die der Meeres-Strömungen zu sein, und diese Verschiebung scheint in vielen Fällen mit dem Wechsel der Jahreszeiten übereinzustimmen, was denn wohl beweist, dass die Sonne auch durch ihre Wärme einen gewissen Einfluss auf die Passate ausübt. Dieses geschieht wahrscheinlich vorzüglich durch die Wirkung der Sonne auf die in der Atmosphäre befindlichen Wasserdämpfe und andere Nebenumstände. Die Haupt-Ursache der Entstehung der Passatwinde muss aber doch wohl der Anziehung des Mondes und der Sonne zugeschrieben werden, und die gegenseitige Lage dieser beiden Himmelskörper muss daher auch einen merklichen Einfluss auf verschiedene atmosphärische Erscheinungen haben. Die alte wohlbekannte Volkssage, nach welcher die Mond-Phasen einen Einfluss auf den Wechsel des Wetters ausüben, scheint also einigermassen Begründung finden zu können. Nur dürfte es richtiger sein, wenn man diesen Einfluss nicht den Mond-Phasen, sondern der Mond-Ferne und -Declination zuschriebe, welche letztere freilich in einem gewissen Zusammenhange mit den Phasen des Mondes und der Declination der Sonne steht. Zur Zeit des Neu- und Voll-Mondes nämlich ist der Unterschied zwischen der Declination des Mondes und der Sonne immer unbedeutend, obgleich zur Zeit des Vollmondes Sonne und Mond sich in verschiedenen Hemisphären, aber in nahezu gleicher Entfernung vom Aequator befinden. Nur zur Zeit der

4

Quadraturen kann der Unterschied der Sonnen- und Mond-Declination bedeutend sein; zur Zeit der Tag- und Nacht-Gleiche und der Sonnenwende steigt dieser Unterschied im äussersten Falle bis gegen 28°.

Aus der Herleitung der Strömungen durch Anziehung des Mondes lassen sich nicht nur die dem Aequator parallel laufenden Meeres-Strömungen, sondern auch die meridionalen ungezwungen ableiten.

Wenn die ganze Erde mit Wasser bedeckt wäre, so würde der Aequatorialstrom unbehindert um die Erde herumfliessen. Nun stehen aber dieser Bewegung die Continente als unüberwindliche Hindernisse im Wege. Da die Ursache der Strömung hierdurch aber nicht gehoben wird, so muss die Strömung im Ocean fortdauern und kann daher, auf die Küste stossend, nicht plötzlich aufhören; sie wird also ihre Richtung je nach der Lage der Ufer verändern müssen. So sehen wir z. B. im Atlantischen Ocean, dass der südliche Aequatorial-Strom sich bei Cap St. Roque, welches der Strömung wie ein Keil entgegentritt, theilt, und der Richtung der Küste folgend, theils nach NW., theils nach SW. abgelenkt wird. Der nach NW. gerichtete Arm dieser Strömung vereint sich im Caraibischen Meere mit dem nördlichen Aequatorial-Strome und treibt auf diese Art fast die ganze auf der Fläche des atlantischen Aequatorial-Gürtels erwärmte Wassermenge in den Golf von Mexico. Dieses warme und daher leichtere, in grossen Massen durch den Aequatorial-Strom zusammengetriebene Wasser muss natürlich das Bestreben haben, sich über das kältere und schwerere Wasser auszubreiten und nach Norden abzufliessen. So entsteht denn ein aus dem Mexicanischen Golfe ausfliessender Strom warmen Wassers, der allgemein unter dem Namen Golfstrom bekannt ist. Die Triebkraft des Golfstromes ist also theils aus dem Drucke des Aequatorial-Stromes, theils aus dem Bestreben des warmen Wassers sich über dem kalten der höheren Breiten zu vertheilen, theils aber auch aus der Anziehung der nach Osten gerichteten Strömung der mittleren Breiten herzuleiten. Alle diese Ursachen entspringen aber direct aus der Sonnen- und Mond-Anziehung, welche also auch als die Haupt-Triebkraft des Golfstromes betrachtet werden muss.[1]

Die nach Osten gerichtete Strömung der mittleren Breiten und die nach NO. gerichtete Bewegung des ganzen nördlichen Theils des

---

[1] Selbstverständlich soll damit nicht gesagt sein, dass die Sonnen- und Mond-Anziehung das Wasser des Golfs von Mexico erwärmt, sie ist es aber, welche den Aequatorial-Strom erzeugt und so das warme Wasser im Golfe sammelt.

Atlantischen Oceans bilden die Fortsetzung des Golfstromes und werden
daher auch oft mit demselben Namen benannt, wogegen wir nichts
haben, wenn man nur im Auge behält, dass der Hauptbewegungsgrund
dieser beiden letztgenannten Strömungen in der Kraft der Ebbe-Strömung liegt. — Wie schon gesagt, fängt diese Kraft in ungefähr 30°
der Breite an, die Kraft der Fluth-Strömung zu überwinden und entwickelt ungefähr zwischen dem 40. und 50. Breitengrade das Maximum
ihrer Wirkung. Weiter polwärts nimmt diese Kraft bedeutend ab und
wird so schwach, dass man sie als Strömung nicht mehr merkt. Nichts
desto weniger scheint eine unbedeutende Bewegung nach Osten sich
dennoch bedeutend weiter polwärts zu erstrecken und allmälig das
wärmere Wasser an den Küsten Englands und Norwegens zu sammeln.
Dieses wärmere Wasser stammt theils noch aus dem Golfe von Mexico
her, mag aber auch theils an der Oberfläche des Oceans in verhältnissmässig höheren Breiten erwärmt worden sein. Der Ebbestrom sammelt
also das oberflächliche wärmere Wasser im östlichen Theile des Oceans,
und das Bestreben des wärmeren Wassers, sich über dem kälteren auszubreiten, treibt es nach NO. und erklärt so die Bewegung des nördlichen Theils des Atlantischen Oceans.

Die in der mittleren Breite nach Osten fliessende Hauptkraft der
Ebbe-Strömung wird durch die Küsten Europas nach Süden abgelenkt
und kehrt, der Küste Afrikas folgend, wieder in den Aequatorialstrom
zurück. Die Anziehung des Aequatorialstromes bildet dabei wohl den
Hauptgrund zum Umbiegen nach Süden, mag aber durch die von der
Erdrotation bewirkte Tendenz der Theilchen nach dem Aequator
hin etwas unterstützt werden. Nur ein geringer Theil der nach Osten
gerichteten Strömung passirt ungehindert das Cap Finisterre und setzt
ihren Lauf in naturgemässer Richtung längs der Nordküste Spaniens
fort, bis sie durch die Küste Frankreichs eine scharfe Biegung nach
NW. erleidet, und so unter dem Namen Rennell-Strom genau dem Ver-
laufe der Küste der Biscaya-Bucht folgt, um sich an der Küste Englands in der allgemeinen Strömung des Atlantischen Oceans nach NO.
zu verlieren. Der Rennell-Strom zeigt gar deutlich, wie sehr die Richtung der Küsten — sogar bis zum Widersinne — diejenige der Strömungen zu bestimmen vermag.

Ein Theil des südatlantischen Aequatorialstromes wendet sich vom
Cap St. Roque die Küste Süd-Amerika's entlang nach SW. Die Trieb-
kraft dieses sogenannten Brasilischen Stromes ist dieselbe, wie die des
Golfstromes, theils der Druck des Aequatorialstromes, theils die hohe
Temperatur des im Atlantischen Ocean erwärmten und durch den

Aequatorialstrom an der Küste gesammelten Wassers, theils die An-
stauung der nach Osten gerichteten in den mittleren Breiten fungirenden
Ebbeströmung, in welche der grösste Theil des Brasilischen Stromes
übergeht, um so den südatlantischen Rotationsstrom zu bilden. Dieser
letztere stösst, nachdem er den Ocean von Westen nach Osten ge-
kreuzt und eine kleine Biegung nach Norden angenommen hat, auf
die Küste Afrika's und kehrt längs derselben wieder aus den oben
für die nördliche Hemisphäre erörterten Gründen in den Aequatorialstrom zurück und bildet den südatlantischen Guineastrom. — Der
ganze Rotationsstrom entsteht also durch die Anziehung des Mondes
und der Sonne, indem diese durch ihre direkte Wirkung das Wasser
in den Aequatorial-Gegenden von Osten nach Westen und in den mittleren Breiten von Westen nach Osten führt, und daher auch die in
der Richtung der Meridiane fliessenden Ströme (Golf- und Nord-Afri-
kanischen Strom, Brasilischen und Süd-Guinea-Strom) indirekt erzeugt.

In der ganzen südlichen Hemisphäre richten sich alle kalten Polarströme nach NO., was ganz mit der Wirkung der Mond-Anziehung
in höheren Breiten übereinstimmt. Nur in der nördlichen Hemisphäre
widersprechen die Richtungen der kalten Polarströme den Gesetzen
der Mond-Anziehung, denn der Grönländische Strom und der kalte
Strom des Japanischen Meeres richten sich nach SW. und nicht nach
SO., wie es unseren Betrachtungen zufolge sein sollte. Dieses hat
aber wohl seinen Grund in der Wirkung der nach Osten gerichteten
Ebbeströmung, welche allmälig den warmen, nach Norden fliessenden
Strom von der Küste abzieht. An dessen Stelle tritt theils das kalte
Bodenwasser, hauptsächlich aber das weniger salzige und daher leich-
tere, aus geschmolzenem Eise stammende Wasser. Eine ähnliche Er-
scheinung wird häufig an den Küsten durch Wirkung des Windes erzeugt, und diejenigen, welche ein Seebad besucht haben, werden sich
erinnern, dass bei Landwind das Wasser immer kühler ist, als bei
Seewind. Ersterer entfernt das an der Oberfläche erwärmte Wasser
von der Küste, wodurch das untere kältere Wasser zu Tage kommt.
Der Seewind dagegen treibt das auf der Meeresoberfläche erwärmte
Wasser an die Küste zusammen. Was hier der Wind thut, kann wohl
in einem noch höheren Grade von einer beständigen Meeres-Strömung
hervorgebracht werden. In der Tiefe scheinen auch in der nördlichen
Hemisphäre die Polarströme nach SO. gerichtet zu sein. Dieses be-
weisen die vielen Eisberge, welche bei Neufundland oft in dieser
Richtung den Golfstrom durchschneiden. Auch lässt uns die Karte
Dana's: „Linien gleicher Temperatur der Meeresfläche im

kältesten Monat",[1]) auf der auch die Verbreitung der Korallen angegeben ist, einen ähnlichen Schluss ziehen. Die Polargränze der Korallenzone ist sowohl im Atlantischen als im Stillen Ocean, wahrscheinlich des zu kalten Wassers halber, auf der Ostseite gegen 10° näher zum Aequator als an der Westseite desselben Oceans. Interessant ist es, dass nach dieser Karte die nördliche Gränze-der Korallen im Stillen Ocean 10° nördlicher liegt als im Atlantischen. Der Grund davon ist wahrscheinlich darin zu suchen, dass der Atlantische Ocean so ziemlich den einzigen Ab- und Haupt-Zufluss des nördlichen Polarbassins bildet.

Die sowohl im Golfstrom als im Kurosiwo abwechselnden, warmen und kühleren Wasserstreifen scheinen uns dafür zu sprechen, dass die den ganzen Strom von der Küste nach Osten·abrückende Kraft nicht beständig gleich stark, sondern, so zu sagen, ruckweise wirkt, was wohl unserer Hypothese entspricht, nach welcher in den mittleren Breiten im Ganzen die Kraft der Ebbe-Strömung überhand nehmen muss, aber doch wohl durch die nach Westen gerichtete Kraft der Fluth-Strömung zeitlichen Unterbrechungen unterworfen sein mag.

Neuerdings hat L. von Schrenk, Mitglied der St. Petersburger Akademie der Wissenschaften, in einem sehr interessanten Werke: „Strömungsverhältnisse im Ochotskischen und Japanischen Meere" nachgewiesen, dass sowohl im Gelben — als im Japanischen und theilweise im Ochotskischen — Meere die Temperatur des Wassers an den nach Osten gewandten Küsten des Festlandes und der Inseln beständig niedriger ist, als an den nach Westen gerichteten Küsten. Wir sehen in diesem Umstande einen Beweis dafür, dass auch in diesen Binnenmeeren dieselbe Tendenz des Wassers, sich nach Osten zu bewegen, vorhanden ist, und dass dadurch das obere wärmere Wasser sich an der Ostseite des Meeres, oder an der nach Westen gerichteten Küste anhäuft. Auch im Weissen Meere und in dem Varanger-Fjord im nördlichen Lappland ist die Temperatur des Wassers im östlichen Theile dieser Meerbusen höher als im westlichen. Wie wir schon bemerkten, muss das sich an einer Küste sammelnde wärmere Wasser polwärts abfliessen, während das kalte Wasser an der Westseite des Meeres den frei werdenden Raum einzunehmen sucht und so zum Aequator zuströmt. Interessant ist es, dass auch in der warmen Strömung des Japanischen Meeres durch Schrenk[2]) Streifen kalten

---

[1]) Stieler's Hand-Atlas 1867 Nr. 9, Carton.
[2]) Schrenk, Strömungs-Verhältnisse des Ochotskischen und Japanischen Meeres, p. 56.

Wassers nachgewiesen sind. Das kältere, aber nur sehr unbedeutend weniger salzige Wasser kann unter Umständen mit dem wärmeren, etwas salzigeren Wasser ganz genau dasselbe specifische Gewicht haben und daher können sie, ohne sich zu vermischen, lange Zeit neben einander fliessen. Im Brasilischen und Mozambique-Strom sind diese Streifen kälteren Wassers noch nicht nachgewiesen, aber es ist wahrscheinlich, dass sie auch dort vorhanden sind, besonders im Brasilischen Strome, der sich weiter nach Süden erstreckt. Es ist sogar sehr wahrscheinlich, dass auch diese warmen Strömungen von der Küste durch kälteres Wasser getrennt sind.

Der Mozambique-Strom entspricht, wie es uns scheint, auffallend der Theorie der Mondanziehung. Dieser Strom hat seinen Ursprung im Aequatorial-Strome des Indischen Oceans, folgt dann der Ostküste Afrikas in SW. licher Richtung und nimmt, immer der Küste folgend, an der südlichen Spitze dieses Continentes eine Richtung nach Westen an, geräth aber dabei in das Bereich der Ebbe-Strömung und kehrt sogleich mit einer ganz merkwürdig scharfen Biegung nach Osten um. Wir können uns diese plötzliche Biegung nach Osten nur durch die Wirkung der Mondanziehung erklären, denn es ist doch ganz unmöglich zuzulassen, dass die aspirirende Kraft des indischen Acquatorial-Stroms dieses plötzliche Umbiegen verursache, um den Mozambique-Strom zur Küste Australiens und Neuseelands zu führen. Auch der grosse Tiefgang der beständigen Meeres-Strömungen scheint uns nur durch die Anziehung des Mondes und der Sonne erklärbar zu sein, denn sie wirkt auf alle Wassertheilchen bis zur Meerestiefe, wenn ihre Wirkung unten auch etwas geringer ist, als oben. Die Strömungen der übrigen Oceane sind den eben erörterten so vollkommen ähnlich, dass wir bei ihrer Beschreibung so ziemlich dasselbe wiederholen müssten. Sie entstehen alle direct oder indirect hauptsächlich durch die Wirkung der Fluth- und Ebbe-Strömungen und können daher auch nur durch diese Wirkungen genügend erklärt werden.

Den Strömungen der Atmosphäre liegen jedenfalls ganz dieselben Gesetze zu Grunde, doch sind die Luft-Strömungen weit empfänglicher für alle möglichen Neben-Ursachen, als die Meeres-Strömungen, und unterliegen daher, ausser den Hauptgesetzen, noch vielen anderen Einflüssen, unter welchen auch die Temperatur-Differenz eine gewisse Rolle spielt. Leider hat man diesen Einfluss bisher bedeutend überschätzt, indem man die durch Temperatur-Differenz erzeugten Polar- und Antipolar-Ströme als Basis der Meteorologie oder als Strömungen betrachtet, welche allen Luftbewegungen zu Grunde liegen. Dieser

Meinung können wir durchaus nicht beistimmen und glauben im Gegentheil, dass in der Atmosphäre eben so wie im Meere die Haupt-Bewegungen in Richtungen stattfinden, welche dem Aequator nahezu parallel laufen.

Vielleicht wird es in Zukunft gelingen, bei genauerer Kenntniss der durch Mond- und Sonnen-Anziehung hervorgerufenen Wirkung auch die Ursachen der Wirbelstürme durch die beiden einander entgegengesetzten Richtungen der Fluth- und Ebbe-Strömung zu erklären. Sollte nicht vielleicht in gewissen Fällen zur Zeit der Quadraturen die durch den Mond bewirkte Ebbe-Strömung mit der durch die Sonne hervorgerufenen Fluth-Strömung unter einem Winkel zusammentreffen und dadurch die drehende Bewegung bewirkt werden können? Bis jetzt ist die bedeutende Natur-Erscheinung der Wirbelstürme noch gar nicht erklärt, denn alle bisher gegebenen Erklärungen sind ganz ungenügend.

Wie bekannt, haben diese Stürme immer zwei Bewegungen, eine rotirende und eine fortschreitende. Die fortschreitende Bewegung entspricht recht gut der Theorie der Mondanziehung, denn diese Stürme haben fast immer ihren Anfang in geringen Breiten und das Centrum des Sturmes bewegt sich in beiden Hemisphären im Bereiche der Fluthströmung nach Westen, indem es sich dabei unbedeutend vom Aequator entfernt und dadurch in den Calmen-Gürtel der Wendekreise gelangt. Hier nimmt die Geschwindigkeit der fortschreitenden Bewegung bedeutend ab und macht einen scharfen Bogen nach Osten, indem der Orkan in das Bereich der Ebbe-Strömung übergeht und nun in beiden Hemisphären mit grosser Geschwindigkeit nach Osten und etwas polwärts fortschreitet. Dabei vergrössert sich der Durchmesser allmälig, die drehende Bewegung nimmt dabei ab, bis sich der Orkan in höheren Breiten verliert. Die gewöhnliche Dauer vom Anfange bis zu Ende des Orkans ist gegen 14 Tage.

Die drehende Bewegung dieser Stürme unterliegt auch ganz bestimmten, bis jetzt aber noch nicht erforschten Gesetzen. In der nördlichen Hemisphäre drehen sich die Orkane in einer den Zeigern einer Uhr entgegengesetzten Richtung, in der südlichen Hemisphäre aber eben so wie die Uhrzeiger sich bewegen. Mit anderen Worten, in beiden Hemisphären bläst der Sturm immer in der dem Aequator zugewandten Seite von Westen und in der den Polen zugewandten Seite von Osten. Westlich vom Centrum des Orkans hat der Sturm immer eine Richtung zum Aequator, östlich vom Centrum aber vom Aequator fort. Die Orkane drehen sich also in einer den Rotations-

Strömungen der Meere entgegengesetzten Richtung. Wie es scheint, stehen die gewöhnlichen Stürme im engsten Verbande mit den Wirbelstürmen, wenigstens wird diese Vermuthung durch das Buys-Ballot'sche Gesetz bestärkt, nach welchem die Winde sich in derselben Richtung wie die Wirbelstürme um das Minimum des atmosphärischen Druckes drehen.

Die Erklärung, dass die drehende Bewegung der Wirbelstürme durch die Rotation der Erde entstehe, ist durchaus nicht zulässig, denn der Orkan beginnt immer in sehr geringen Breiten mit einem Durchmesser, der selten mehr als 2 bis 3 Meridian-Grade einnimmt. Der Unterschied in der Grösse der Parallelkreise unter geringen Breiten ist aber so unbedeutend, dass die zum Centrum strömende Luft durch die Erdrotation nur auf 2 bis 3 Winkelgrade von der meridionalen Richtung abgelenkt werden kann. — Angenommen, das Centrum des Wirbelsturmes befinde sich bei der Entstehung des Orkans in 10° der Breite, der Radius desselben nehme 2 Meridian-Grade ein, die Luft brauche 2 Stunden Zeit, um diese Entfernung zu durchlaufen und behalte während dieser ganzen Zeit die Rotations-Geschwindigkeit des Parallelkreises, den sie verlassen. In diesem Falle würden die vom 12. Grad der Breite zum Centrum des Orkanes strömenden Lufttheilchen sich vom Meridian etwas nach Westen abneigen und mit demselben einen 2° 45' grossen Winkel bilden. Die vom 8. Grad der Breite zum Centrum strömenden Lufttheilchen würden sich nach Osten neigen, und ihre Richtung würde mit dem Meridian einen Winkel von 2° 21' bilden. Diese viel zu unbedeutende Abweichung vom Meridiane kann aber doch ganz unmöglich die ungewöhnlich rasche, drehende Bewegung des Sturmes verursachen.

Nicht zweifelnd, dass eine solche, auf die Anziehung des Mondes begründete Theorie der Meeres-Strömungen und der Passatwinde die richtige sein dürfe, erkennen wir nichtsdestoweniger, wie sehr unsere Ansicht noch weiterer Klärung unterworfen werden müsse. Die Zeit muss noch eine Menge erneuter Beobachtungen bringen, bevor die Autoritäten des Faches in dieser Angelegenheit das letzte Wort werden sprechen können. Uns aber wird es zur vollsten Befriedigung gereichen, wenn wir das Glück gehabt, durch vorstehende Auseinandersetzung unserer Ansichtsweise wenigstens indirect an dem Fortschritte dieses Gebietes der physikalischen Geographie beigetragen zu haben, welches bisher einer einheitlichen Grundidee noch immer ermangelt.

A. W. Schade's Buchdruckerei (L. Schade) in Berlin, Stallschreiberstr. 47